亚洲人类智慧之光

——百色旧石器考古探秘之旅

右江民族博物馆 编著

YAZHOU RENLEI ZHIHUI ZHI GUANG
BAISE JIUSHIQI
KAOGU TANMI ZHI LV

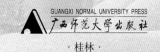

GUANGXI NORMAL UNIVERSITY PRESS

广西师范大学出版社

·桂林·

图书在版编目（CIP）数据

亚洲人类智慧之光：百色旧石器考古探秘之旅 / 右
江民族博物馆编著. —桂林：广西师范大学出版社，
2012.12
　ISBN 978-7-5495-3022-9

　Ⅰ．亚… Ⅱ．右… Ⅲ．旧石器时代考古－百色
市－普及读物　Ⅳ．K871.11-49

中国版本图书馆 CIP 数据核字（2012）第 288897 号

广西师范大学出版社出版发行

（广西桂林市中华路 22 号　邮政编码：541001
网址：http://www.bbtpress.com ）

出版人：何林夏
全国新华书店经销
湛江南华印务有限公司印刷
（广东省湛江市霞山区绿塘路 61 号　邮政编码：524002）
开本：787 mm×1 092 mm　1/16
印张：7.75　　字数：96 千字
2012 年 12 月第 1 版　　2012 年 12 月第 1 次印刷
印数：0 001~4 500 册　　定价：35.00 元

如发现印装质量问题，影响阅读，请与印刷厂联系调换。

右江民族博物馆简介

右江民族博物馆坐落于广西百色市后龙山上，1985年开始筹建，1996年元月正式对外开放。现为广西壮族自治区爱国主义教育基地，全国三级博物馆，是百色市重要的对外宣传窗口和旅游景点。

博物馆占地面积15133平方米，建筑面积4457平方米，主体大楼采用壮族古典廊院重檐的建筑形式，独具民族风格。该馆藏品丰富，收藏有历史文物、民族民俗文物3万多件套。馆内设8个展厅，展出面积1507平方米，基本陈列有"乡土历史文物陈列"、"民族民俗文化陈列"两大内容，展品400多件套，另有"百色旧石器专题展"等专题展览。陈列内容丰富多彩，充分展现了百色悠久的乡土历史和多姿多彩的民族文化。

开馆以来，右江民族博物馆以优美的参观环境、厚重的历史氛围、丰富的陈列展览以及良好的服务，接待社会各界观众200万人次,成为展示百色社会发展的窗口和弘扬优秀民族文化的阵地，充分发挥了爱国主义教育基地的作用。先后荣获百色市文化系统先进集体、自治区文明单位、自治区民族团结先进单位等荣誉称号。

目前，该馆正以崭新的面貌，依托百色丰富的历史资源和民族民俗文化资源，打造民族文化品牌，努力把该馆建设成为百色旧石器和壮民族文化研究中心，为更好地服务于社会，朝着更新更高的目标迈进。

《亚洲人类智慧之光——百色旧石器考古探秘之旅》编委会

编著者的话

百色旧石器从1973年发现至今已有近40年。近40年来，在中外考古工作者的努力探索和研究下，已取得了阶段性的重大成果，这些成果在考古学界等领域引起了强烈的反响。然而，这一探索研究的历程目前尚无较系统介绍性读物，我们觉得我们作为百色旧石器所在地的地方博物馆应当承担起这一工作。

百色旧石器研究是集考古学、第四纪地质学、古环境学和天体物理学等多学科的综合性国际合作项目，百色旧石器遗址群业已成为东亚乃至世界范围内研究的热点，在国内外都有着重要的研究意义和价值。百色旧石器是一笔宝贵的人类文化遗产，李长春同志在《保护发展文化遗产，建设共有精神家园》的讲话中指出，"要充分发挥文化遗产在开展爱国主义教育方面的重要作用。文化遗产承载着中华民族的辉煌历史，铭刻着中华民族的伟大创造，是弘扬优秀传统文化、开展爱国主义教育的重要载体。"作为百色旧石器所在地的地方博物馆，我们有责任宣传这一人类文化遗产考古研究的历程及其蕴涵的意义，让更多的人认识、热爱并保护这一文化遗产。然而，百色旧石器的考古研究是一项专业性很强的工作，所涉知识专业性自然也强。为了让百色旧石器的考古研究及其意义为公众尤其是广大青少年所了解，激发他们热爱祖国、热爱家乡、热爱科学、崇尚科学的热情，本书试图用通俗易懂的语言，既重知识性、也重趣味性，将百色旧石器考古探秘过程中的神秘与趣味盎然再现给读者，尽量使其成为雅俗共赏的科普性读本。

2012年6月

序

　　右江民族博物馆的同志用特快专递寄来他们的新作《亚洲人类智慧之光——百色旧石器考古探秘之旅》书稿，嘱我为之作序，我欣然应允并深感荣幸。

　　百色遗址发现于1973年。在随后几年间，广西的同志们陆续做了许多工作并取得了可喜的成绩。1986年3月初，我和北京几位青年同志第一次访问百色。走在风景如画的右江两岸，处处可见鲜红的木棉花在枝头竞放，青山绿水把整个盆地渲染得春意盎然。尤其让我们这批北方来客惊叹不已的，是眼前众多出露良好、色彩鲜艳的地层剖面和散落在裸露的网纹红土表面目不暇接的石制品。本来，此行的目的是为我们已经启动的陕西汉中盆地考察寻找参照，想不到最后却"见异思迁"，决定放弃汉中而移师百色。此后直到2005年冬举行百色国际学术研讨会，我和由不同学科同行组成的"多国部队"在这块神圣的红土地上持续"摸爬滚打"了将近20载。可以说，百色工作是我个人考古经历中耗时最长、付出最多，也是收获最大的一个项目，虽然从追求真理为目标的科研角度而言，百色工作的成果任何时候都不可言大，但是，对于每一位考察队队员而言，我们从工作中长了见识，增进了友谊。而对于整个考察项目而言，我们不仅完成了任务，更是受领了百色地区各级领导、相关部门的同志和广大人民一份深情厚意，一种可以让我们终身受益的革命精神。

　　编著者为这部即将和读者见面的新书起了一个很响亮的名字《亚洲人类智慧之光》。短短几个字，却在评价百色研究重大意义上起了画龙点睛的效果。的确，百色研究成果诞生之前，考古学界长期受"两种文化理论"所主导，认为在早期人类进化的200多万年的绝大部分时间里，"西方"（非洲、欧洲和印度半岛）文化发展迅速、朝气蓬勃。相比之下，"东方"（包括中国在内的东亚和东南亚）文化发展保守落后、死水一潭。这一理论的主要考古证据是西方发现了技术先进的手斧，表明那里的人聪明、灵巧，而东亚没有，东亚只有简陋的打制石器。如今，我们不仅在百色发现制作技术与西方一样的手斧，而且证明它的年代比欧洲的还早了许多。这个发现无疑以有力的事实和足够的证据回答了带有明显种族偏见的"两种文化理论"。另外，这部书还有一个副题"百色旧石器考古探秘之旅"，表明它不同于一般的学术论著，而是可以让一般读者乐于接受的科普著作。这也正是迄今有关百色石器研究出版物所欠缺的。

右江民族博物馆的同志在来信里还提及，这部书稿曾得到长期参与百色盆地工作的谢光茂和侯亚梅同志的审阅，我想应该借此机会向他们表示谢意。

黄慰文

2012年6月19日于北京

目　录

第一章 追寻人类进化的踪迹

人类发展到今天，经历了相当漫长的岁月。从最初制作和使用原始的石器工具到当今能制造、发射卫星和宇宙飞船为人类服务，可见，人类的智力已经进化到了相当的高度。然而，拥有如此智慧的人类是如何一步步进化发展而来，其发展演化的足迹又是怎样的呢？这些都是人们普遍关心的问题。下面就让我们一起去追寻人类进化的踪迹吧！

一、人类的始祖是谁

（一）人类起源的神话传说

关于人是如何产生，人类的始祖是谁？自古以来，人们都试图去揭开这个谜底。久远以来世界各地出现了各种各样关于人产生的神秘传说，比如在我国广为流传的就有盘古开天地、女娲抟土造人等神话传说，盘古、女娲就是神话传说中人类的始祖。在西方，广泛地流传着上帝造人即亚当和夏娃造人的传说，亚当和夏娃就是传说中人的始祖。在壮民族的发祥地——广西百色市田阳县及周边十几个县，广泛流传着布洛陀与姆勒甲造人、造物的神话传说。2004年4月，由黄明标研究员搜集整理，广西民族出版社出版的《布洛陀与敢壮山传说故事》一书有如下记载："很古很古以前，田阳这个地方和其他地方一样，没有草木，没有人类，没有生灵，广渺的大地空空无物。而早就有了生灵的苍天，天神看到大地仍死气沉沉，很早就盘算着派人到凡间繁衍人类，创造人间世界。终于有一天，天神决定派布洛陀与姆勒甲下凡，创造新的世界。"[1] 布洛陀与姆勒甲下凡时，布洛陀挑着一头装着五个孩子，另一头装着被褥和衣物的一对大箩筐；姆勒甲肩扛一把锄头，手拿一把开山镰，乘着天神大殿前摘下的两片树叶，缓缓地飘下。当飘了十九天到田阳上空时，乌云突变，大地电闪雷鸣，伴随着大风大雨，空中雷声大作。在霹雳的雷声中，布洛陀肩上的扁担断了。瞬间，两只箩筐向大地飞奔坠落。惊慌中，布洛陀甩掉了手中的断扁担，姆勒甲甩掉手中的锄头和镰刀。结果装被褥的箩筐掉在东面的那贯，被褥落地的地方形成了一道弯弯的大缝沟，天上的雨水落下后都流入大缝沟，成了右江河。五个孩子变成了五座小山。[2] 一天，布洛陀外出，思子心切的姆勒甲，用自己尿湿了的黄泥，捏了五个泥人，她找来龙须草，给泥人安上眉毛和头发，找来通心草给泥人接成肠衣……姆勒甲反复看着眼前的泥人，喃喃地唤起原先五

---

[1] 黄明标：《布洛陀与敢壮山传说故事》，3页，南宁：广西民族出版社，2004。

[2] 黄明标：《布洛陀与敢壮山传说故事》，3-4页，南宁：广西民族出版社，2004。

个孩子的名字，随之五个泥人活起来，会说话了。但是这五个泥人都没有生殖器，分不出男女，她正担忧着，这时，布洛陀一手提着一串红辣椒，另一手拿着杨桃回来了。五个泥人一下子拥向布洛陀跟前，抢着把红辣椒和杨桃吃了。结果，吃到辣椒的泥人，变成了男孩，吃到杨桃的泥人变成了女孩。后来，姆勒甲给布洛陀生下了许许多多的孩子。布洛陀和姆勒甲就成了创造壮人的始祖。[1]

① 敢壮布洛陀文化遗址（百色市田阳县博物馆黄中政馆长提供）

[1] 黄明标：《布洛陀与敢壮山传说故事》，6页，南宁：广西民族出版社，2004。

（二）关于猿

猿，"哺乳纲，灵长目动物。形态跟猴相似，有些特征跟人相近。没有尾巴和颊囊。猩猩、黑猩猩、大猩猩和长臂猿均是。"[1]

中国科学院古脊椎动物与古人类研究所研究员、国际史前及原史科学协会（联合国教科文组织哲学与人文科学国际理事会成员）荣誉委员黄慰文研究员在《北京原人》一书中说："猿由绝灭种和现生种组成。绝灭猿在过去几千万年进化过程中已陆续退出舞台。残存的、亦即现生的猿只有4种，即生活在非洲赤道附近的黑猩猩和大猩猩，以及分布在亚洲赤道地带或赤道附近的猩猩和长臂猿。"[2]"4种现生猿中以长臂猿个儿最小，所以又称小猿。其他3种个儿大，尤其是大猩猩和猩猩，称为大猿。小猿是进化过程中较早分化出来的种群，亲缘上不及3种大猿之间那样亲密。按照'族谱'，大猿可以说是人类的'堂兄弟'或'堂姐妹'；小猿顶多够得上'远房兄弟'或'远房姐妹'……所以，我们今天说从猿到人的'猿'，是指已经灭绝的古猿而不是我们的'同辈'现生猿。"[3]

---

[1] 辞海编辑委员会：《辞海》中（1999年版普及本），2337页，上海：上海辞书出版社，1999。

[2] 黄慰文：《北京原人》，6页，杭州：浙江文艺出版社，2005。

[3] 黄慰文：《北京原人》，7页，杭州：浙江文艺出版社，2005。

《北京原人》一书中还提到："人类已发现古猿化石20多种，分类上主要有森林古猿、西瓦古猿、非洲古猿和禄丰古猿等等。它们多半生活在距今2350万年至530万年的新第三纪的中新世……我国是发现古猿化石最多的国家之一。云南省的开远、禄丰、元谋和保山都出土过丰富的古猿化石。仅禄丰一地，自1975年以来共出土5件古猿颅骨，40多件上、下颌骨和1千多颗单个牙齿化石。它们有大、小两个类型，代表禄丰古猿的雄性和雌性，年代为距今800万年左右。开远古猿的年代稍早，为距今900万年左右。元谋古猿和保山古猿的年代与禄丰古猿相差不远。另外，甘肃武都、安徽繁昌等地也发现过中新世古猿化石。上述化石发现地几乎都位于盆地，而且多半是含煤的河湖地层，这从一个侧面反映了古猿的生活环境。"[1]

从以上叙述中，我们对猿有了一个大概的了解。下面我们再来看从猿到人的演化。

二、从猿到人

人类是由什么进化而来？人类又是怎么进化的？这是人们普遍关心的问题。人类学家给出的答案是：人类是由古猿演化而来，漫长的劳动使猿逐渐进化为人。

---

[1] 黄慰文：《北京原人》，8页、9页，杭州：浙江文艺出版社，2005。

（一）手足分工——直立行走

猿，最初的四肢还没有手和脚的分工，也还没有能直立行走，前肢和后肢差不多一样长。我们来看以下描述："他们的上肢长度与躯体长度之比同类人猿和人类相比，有极大的差异，正好成反比例。在俄莫流域发现的一件尺骨，被认为属于粗壮形态，长达31.5厘米，比人类的长得多，而且其身高不超过1.5米！这就是说，南猿的上肢极长……这样长的手臂表明，他们的祖先用上肢撑地晃荡的办法来移动身躯，他们自己可能也偶尔使用。这样的尺骨向后呈弧线，像灵长目动物一样，例如黑猩猩和大猩猩就是用双手指骨撑地行走的。"[1] 这是法国学者让·沙林对南猿上肢及其仍保存着动物行走形态的描述。从这段描述中，我们对猿的肢体及行走形态有了一定的了解。再来看《北京原人》一书中的描述："猿多半躯体较大，没有外尾。它们不像猴移动时沿着树枝走，而是用臂悬挂在树枝上，像做高空表演的杂技演员那样从一根树枝吊荡到另一根树枝上去。这种行动方式有利于把身体拉直并最终形成直立姿态。它们也会偶尔下到地面上来，以捏成拳头的指关节着地、两腿蜷起的方式，使身体穿过长臂之间一拐又一拐地穿过林中空地。在这个时候，上下肢事实上已经开始分工：整个

---

[1]〔法〕让·沙林：《从猿到人——人的进化》，87页，88页，北京：商务印书馆，1996。

身体的重量主要落在起支撑作用的下肢上，而上肢更多地从事执握东西等活动。这种进化趋向的发展最后导致两足直立行走和手的解放。"[1]

　　古猿最初是在树上生活的，由于气候的变化，形成了草原间隔的树林，使古猿较多地到地面生活。下到地面生活的古猿，由于经常在林间"臂行"，即用前臂悬挂在树枝上，从一根树枝吊荡到另一根树枝上去，这就使得古猿的身体处于垂直状态，有利于向直立行走的方面发展。从树上转到地面生活的古猿，"在遇到猛兽时，要用前肢抓握石块或棍棒，在行进中与猛兽作

② 古猿下地图（图片引自黄慰文：《北京原人》，6页，杭州：浙江文艺出版社，2005）

[1] 黄慰文：《北京原人》，7-8页，杭州：浙江文艺出版社，2005。

斗争。在地面上获取食物，要用后肢站立在地面上，用前肢摘取树上的果实或用天然工具挖掘植物的块根。古猿在长期使用天然工具的过程中，上、下肢（或称手、足）发生了进一步的分化，使前肢获得了解放。"[1] 前肢（或上肢）逐渐分化为具有对握能力的手，而后肢（或下肢）逐渐分化为具有站立和行走能力的脚。随着手足分工的加强，最终进化为直立行走。"直立行走是从猿到人的决定性的一步，成为从猿到人过渡时期开始的标志。"[2]

③ 从猿到人的渐变图（图片引自黄慰文：《北京原人》，60—61页，杭州：浙江文艺出版社，2005）

（二）制作和使用工具

古猿手足（脚）分工后，经过长期用手抓树枝、石头挖掘地里的根茎食物，捕捉动物，搬运东西等劳动，

---

[1]张之恒：《考古通论》，10页，南京大学历史系内部资料，1984。

[2]黄慰文：《北京原人》，8页，杭州：浙江文艺出版社，2005。

作为用以抓握功能的手逐渐灵活了，手的灵活为古猿学会制作和使用工具打下了基础。在长期的劳动中，随着古猿大脑的进化，思维的发展，它们从原先只会用自然的树枝、石头、动物骨头等帮助自己获得想要得到的东西，到后来学会根据自己的需要制作一定用途的工具并使用这些工具。我们现在到博物馆参观，看到了各种类型的旧石器——砍砸器、尖状器、手斧、手镐、刮削器、石球等等，就是远古人类在日常生活中根据需要选择石料，打制成各种用途的工具。如砍砸器可以用来砍伐树木，砸击骨头和坚果等；手斧可以用来加工竹木等；刮削器可以用来割兽肉或刮兽肉皮等。我们可以推想，勾勒出一幅这样的图景：在一片树林里，远古的一群人，有的在用砍砸器砍伐树木，砸击骨头和坚果；有的用手斧劈砍竹木；有的用刮削器割兽肉或刮兽肉皮；有的用手镐挖地……我们不妨做个推想，猿人要想把一棵大树弄断，用手去弄肯定做不到，这时就要借助一些坚硬的石块来帮助。然而，天然的石块不一定符合砍伐之用，猿人便选择适合加工的石料进行修理制作成为符合砍伐之用的工具。于是，砍砸器、手斧便产生了。要割猎物的肉或刮猎物的肉皮等就将石块加工成刮削器，需要掘地就将石块加工成手镐等工具。"劳动使古猿逐渐演化成人；能否劳动、能否制造工具，是区别人和猿的主要界限。"[1]

[1]张之恒：《考古通论》，11页，南京大学历史系内部资料，1984。

④ 古人类生活场景复原图

（三）学会用火

早期的人类还不会用火，由于不会用火，一方面，他们只能吃生食，也就是吃生的植物、生的动物肉。吃这样的食物，人体不易消化，也不利于营养的吸收，对人的健康及进化极为不利。由于不会用火，人们也只能被动地接受自然环境出现的寒冷天气，以及黑暗、猛兽的侵袭所带来的困境，生存艰难。当人类学会用火以后，人类适应自然环境的能力得到了大大的提高。可以说，学会用火，使人类摆脱了被动接受不利自然环境的被动状况，生存能力也有了很大的提高，这是人类进化跨越式发展的重大能力。

然而，人类从什么时候开始学会用火，对考古学家来说，还是一个尚未定论的问题。[1] 在我国，"在北京猿人住过的山洞里发现了很厚的灰烬，有的成堆，有的成层。灰烬里有火烧过的一块块颜色不一的兽骨和石头，一粒粒朴树籽以及紫树木炭块。看来，他们经常在这里烧烤兽肉，并且已经能够保存火种，使用火和管理火了"。[2]

那么，猿人住的山洞里的火种又是怎么来的呢？是导入洞外电闪雷鸣引起的森林、草原燃烧的大火的火种，还是用火石等来进行人工取火呢？《北京原人》一书中是这样说的："科学家根据北京人的进化程度并对照世界各地的考古证据，估计他们尚未达到人工取火的水平。更大的可能是，他们从洞外引入森林、草原自然大火留下的火种。"[3] "火的使用，使北京猿人可以吃熟食，从而缩短消化食物的过程，有利于从食物中吸收更多的营养，促进体质上的进步和健康。同时，火可以用于御寒，防御猛兽侵

⑤ 北京猿人复原像（图片引自黄慰文：《北京原人》封面，杭州：浙江文艺出版社，2005）

[1] 黄慰文：《北京原人》，68页，杭州：浙江文艺出版社，2005。

[2] 白寿彝：《中国通史纲要》，29页，上海：上海人民出版社，1980。

[3] 黄慰文：《北京原人》，69页，杭州：浙江文艺出版社，2005。

袭，并能有效地帮助狩猎。"[1]

三、关于旧石器

在广西壮族自治区百色市右江民族博物馆里，我们时不时听到观众在看到陈列柜里的石器时会说："这不就是一块普普通通的破石头嘛，我们在山坡上或者河边上随便都可以看得到呀。"这里，我们来比较一下普通的破石块或者叫自然力破坏的石块与石器到底有什么区别。

自然界中一块完好无损的石块，如果破裂、破损，往往是自然力和人为因素所造成。自然力因素又可分为外力因素和内力因素。外力因素有流水冲击、碰撞，山崩、地震，风刮，啮齿类动物啃咬等；内力因素有温差变化、风化、霜冻等。

自然界中普通的石块或者叫自然力破坏的石块与人类制作的石器，两者都有破损的痕迹，但两者的破损痕迹是很不一样的。自然力破坏的石块没有人工打击的痕迹，石块上都是无用疤痕。如被河流冲击、碰撞破损的石块，虽然也会产生打击痕迹，然而这种破损石块往往有冲磨痕迹，且因石块随水流冲撞翻滚，冲磨痕迹没有一定的方向；[2]又如豪猪为了磨牙而常常啃咬石块，石

---

[1]白寿彝：《中国通史纲要》，29页，上海：上海人民出版社，1980。

[2]张之恒：《考古通论》，18页，南京大学历史系内部资料，1984。

块上也是"伤痕累累"，这种方式制造出的所谓"石器"，就是"假石器"。那么这种"假石器"能辨别吗？答案是肯定的。因为"豪猪啃咬过的石块，表面满布坑痕，坑疤上有方向不同的、成组的长而直的条痕；条痕最长可达三十毫米，最宽达四毫米；条痕与条痕之间，有一条窄的凸棱。坑疤与坑疤之间的条疤，多数彼此互相连接，连接处有明显的棱脊"。[1] 真正的石器则是有人工打击或打制的痕迹，石块上留下的是有用疤痕。因为人工打制的石器是有目的性的，也就是古人类为某种使用目的去打制符合使用需要的工具，用途不同，石器的形体类型也就不同，比如手斧，我们不妨推测是古人类制作来用于宰割猎物或砍伐木材等的工具，他们用砾石、石核或大石片两面打制、修理，使其呈现出梨或杏仁形状，以长轴为中心左右对称，一端略尖，另一端钝厚以便握持，表面不留或少留石皮。因此，整件手斧工具几乎遍体疤痕，当然，他们都是有用的疤痕，即人工打制、修理的痕迹。有无人工打制、加工的痕迹是识别真假石器的关键，是需要仔细去辨别的。总之，石器是古人类为了某种使用目的而制造的工具，其形状有一定的规则，且具有人工打击的痕迹，而这种打击痕迹是有一定规律的，其规律也符合人类制造石器的目的。只要我们抓住了这一关键点，把握好了，就能够区分出什么是自然力破坏的石块，什么是人工打制的石

---

[1] 张之恒：《考古通论》，18页，南京大学历史系内部资料，1984。

器。

（一）什么是旧石器

石器是远古人类制作和使用的劳动工具。石器分为旧石器和新石器，要了解什么是旧石器，也要对新石器有所了解，因为之所以称为"旧"，是与"新"石器相对而言的。它们主要的区别就在于旧石器是打制石器，其制作相对简单粗糙，所以称为旧石器；而新石器则是磨制石器，其制作规整、精细，所以称为新石器。[1] 它们各自所处的时代在考古学中分别被称作旧石器时代和新石器时代。

（二）旧石器时代的划分

旧石器时代大约从距今约250万年至距今约1万年，是人类制作和使用打制石器的时代。[2] "旧石器时代是人类的童年时期，也是人类历史上最漫长的时期，占人类发展历程的99%。在这一时期，人类完成了从猿到人的转变，并且进一步演化成为现代人。"[3]

---

[1] 赵静芳：《什么是旧石器》，《中国文物报》2010年4月2日第6版。
[2] 赵静芳：《什么是旧石器》，《中国文物报》2010年4月2日第6版。
[3] 赵静芳：《中国旧石器时代》，《中国文物报》2010年4月16日第6版。

⑥ 卵石（鹅卵石、河光石或砾石）

⑦ 石片

⑧ 石核

（三）旧石器时代的工具类型

旧石器时代的工具类型有多种，就砾石石器而言，主要有：手斧、手镐、薄刃斧、砍砸器、石球等重型工具和刮削器、尖状器、雕刻器、石锥等等。

在介绍石器类型之前，我们先来了解什么是卵石、石片和石核。

卵石，也称鹅卵石、河光石或砾石。这类石头原本是带棱角的石块，流水的搬运、冲磨使其失去了原有的棱角而变得圆滑的砾石。

石片，就是因人力或自然力作用而从较大的石块上剥下的碎片，在考古学上一般指制作石器时产生的石片，它们按打制意图可分成工具的"预选石片"和修整工具时打下的碎片。[1]

石核，就是古人类在制作石器过程中经过剥离石片所留下的石料核心部分，上面留有剥片的石片疤。[2]

---

[1] "百色旧石器打造亚洲人类文明"展览展品说明，广西自然博物馆制作，于2001年在百色右江民族博物馆展出。

[2] "百色旧石器打造亚洲人类文明"展览展品说明，广西自然博物馆制作，于2001年在百色右江民族博物馆展出。

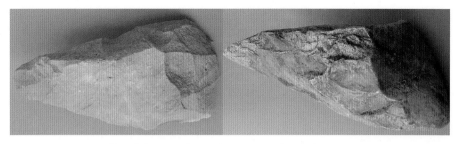

⑨ 手斧（南坡山遗址手斧；田阳那顿遗址手斧）

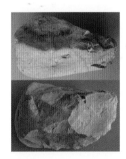

⑩ 手镐

⑪ 砍砸器

在了解了什么是卵石、石片和石核后，对于我们理解石器的类型就容易些了。下面我们主要来介绍旧石器中最常见的几种类型——手斧、手镐、砍砸器、刮削器。

1.什么叫手斧

手斧是旧石器时代早期流行的一种重型打制石器。用卵石、结核或大石片两面打制而成，轮廓通常呈现出梨或杏仁形状，以长轴为中心左右对称，一端略尖，另一端钝厚以便握持，表面不留或少留石皮，可以充当宰割猎物的屠刀或用于砍伐等。[1]

2.什么叫手镐

手镐属旧石器的一种类型。沿砾石的近端向远端打击，在交汇处形成一个厚重的尖

---

[1] "百色旧石器打造亚洲人类文明"展览展品说明，广西自然博物馆制作，于2001年在百色右江民族博物馆展出。

⑫ 砍砸器半成品

⑬ 刮削器

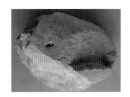

⑭ 刮削器半成品

端，是一种单面或两面打击的重型工具。[1]

3.什么叫砍砸器

砍砸器是旧石器时代最为流行的一种打制石器。用卵石、结核或大石片单面或两面打制而成，制作比较简单，器身粗大、厚重，属于重型工具。[2]

4.什么叫刮削器

刮削器在我国南方重型工具中常常使用石片或扁平的砾石加工而成，通常呈现单边或多边的刃口，具有刮、削功能。而我国北方轻型工具中的刮削器则常常由石片毛坯制作而成。

[1]　"百色旧石器打造亚洲人类文明"展览展品说明，广西自然博物馆制作，于2001年在百色右江民族博物馆展出。

[2]　"百色旧石器打造亚洲人类文明"展览展品说明，广西自然博物馆制作，于2001年在百色右江民族博物馆展出。

第二章　发现百色旧石器

一、偶然的发现——拉开百色旧石器探秘的序幕

位于广西壮族自治区西部的百色市，不仅是一代伟人邓小平领导的举世闻名的百色起义的革命圣地，更是远古人类文化资源的重要宝库。其水接云贵，山连越南，地理位置优越，资源丰富，山川秀丽，是祖国南疆的一颗亮丽明珠。百色盆地地处云贵高原东缘，西起百色市，东至田东县思林镇，地理位置为：东经106°34′—107°15′，北纬23°34′—23°55′。盆地呈北西—南东方向延伸，长约90公里，最宽处15公里，总面积约800平方公里。西江主要支流之一的右江，发源于云南境内西洋江和驮娘江，从美丽富饶的百色盆地中部自西向东缓缓流过，与左江汇合流向西江、珠江，它像慈祥的母亲哺育着百色的世代儿女。

百色盆地是由于新生代构造运动而形成的，是我国南方众多的新生代盆地之一。科考学者将百色盆地右江阶地划分为七级，高度从一级阶地的10—15米到五、六、七级阶地的100—300米不等[1]。你也许会问，什么叫阶地？阶地指由于地壳上升、河流下切所形成的阶梯

---

[1] 广西壮族自治区博物馆编，黄启善主编：《百色旧石器》，10–11页，北京：文物出版社，2003。

状地貌。经由河流下切，原先宽广的谷底突出在新河床上形成阶梯状的地形。简单来说，右江阶地像一块分为若干层的大蛋糕，最高层为第七层，形成时间最久、离河面最远；第一层则形成时间最短、离河面最近。百色盆地属亚热带湿润季风气候，夏季长而炎热，干湿季节分明，盆地西、北为中生界三叠系砂岩低山丘陵，东、南为古生界石灰岩峰林、洼地和谷地。盆地内充填了3000多米厚的含煤、含油新生界下第三系湖相砂岩、砂岩泥岩和泥岩[1]。到第四纪早更新世，在经历长期侵蚀之后，盆地重新接纳一套由厚层砾石（下部）和粉砂、砂质黏土、黏土（上部）组成的砖红壤层。大约自中更新世后期开始，这套堆积受右江侵蚀而成为广泛分布于盆地边缘或中心的最高阶地——砖红壤化阶地。砖红壤广泛见于长江以南的东亚南部和东南亚的河谷地带，是一种在湿热条件下经受长时间的强烈化学风化而形成富有特色的土壤，这个风化过程称为"砖红壤化"，地质学家形象地将这种具有鲜明外部特征的堆积物称为"蠕虫状砖红壤"或"网纹红土"[2]。网纹红土，是百色盆地上神奇而又充满魅力的舞台，一幕幕令人振奋的考古新发现在这里次第上演……

---

[1] 侯亚梅、黄慰文：《百色旧石器研究》，《"元谋人"发现三十周年纪念暨古人类国际研讨会文集》，128页，昆明：云南科技出版社，1998。

[2] 侯亚梅、黄慰文：《百色旧石器研究》，《"元谋人"发现三十周年纪念暨古人类国际研讨会文集》，128—129页，昆明：云南科技出版社，1998。

1973年10月，由中国科学院古脊椎动物与古人类研究所、广西博物馆、广西某地质勘探队等单位组成的考察队，在百色盆地进行地层古生物考察。百色盆地给了科考工作者一个意外的惊喜。在百色镇西约11公里的上宋村西南面300米的第三级阶地的堆积中，原广西博物馆研究员赵仲如教授发现了几块经过古人类打制的旧石器。接着，专家们又在周围的野地里找到了几块旧石器[1]。这次考察，专家们一共发现了11件百色旧石器，其中有三件石器一半藏在泥土中，一半露在外面。11件标本均由砾石加工而成，分为石核、厚身刮削器、砍砸器、尖状砍砸器，这些器类体型粗大（最大的标本长17.5厘米，宽14厘米，厚4.9厘米），以单面加工方法为主[2]。这一发现，使百色旧石器时代遗存开始显露冰山一角，从而揭开了百色乃至广西旧石器考古学研究的序幕。

二、有目的的考察——一个又一个旧石器遗址被发现

自1973年在上宋村发现首个旧石器遗址后，考古工作者在百色盆地便开始了有目的的考察。

1975年，在新州煤矿工作的曾祥旺在百色市城区东

---

[1] 赵仲如：《闪耀亚洲史前文明之光的百色盆地旧石器》，《大自然》2004年第6期。

[2] 李炎贤、尤玉柱：《广西百色发现的旧石器》，《古脊椎动物与古人类》1975年第4期。

① 1990年12月时任广西百色右江民族博物馆副馆长、副研究馆员的曾祥旺同志在營么旧石器遗址考察

② 1990年12月时任广西百色右江民族博物馆副馆长、副研究馆员的曾祥旺同志在东增旧石器遗址考察

南约12公里的百谷屯附近的古河流阶地上，发现了七处旧石器地点。[1]

　　1979年初，广西壮族自治区文物工作队在百色盆地进行文物调查时发现多处旧石器遗址，并采集了众多石器。[2]

　　1982年夏、秋，广西壮族自治区文物工作队会同百色地方文物部门组织文物普查，在百色、田阳、田东境内的右江两岸的狭长地带，发现石器散布点80多处，在砖红壤阶地采集到石器标本4000余件。在右江上游的永乐盆地、田林县乐里河沿岸和右江下游平果县境也有同类遗物被发现。[3]

[1]广西壮族自治区博物馆编，黄启善主编：《百色旧石器》，15页，北京：文物出版社，2003。

[2]广西壮族自治区博物馆编，黄启善主编：《百色旧石器》，15页，北京：文物出版社，2003。

[3]彭书琳：《广西百色盆地的旧石器》，《"元谋人"发现三十周年纪念暨古人类国际学术研讨会文集》，117页，昆明：云南科技出版社，1998。

此后近30年里，考古工作者对百色盆地及其附近地区也进行了多次考察，又陆续发现了不少新的旧石器遗址，如百达遗址、大梅遗址、坡洪遗址、南半山遗址、那赖遗址、枫树岛遗址等。最大规模的一次是2009年 7 月至2011年 5 月百色右江民族博物馆对百色旧石器遗址群进行的普查，涉及右江区、田阳、田东三个县（区）130多处旧石器遗址（其中新发现30多处），共采集到石制品2500多件。

（一）百色旧石器遗址的分布

百色旧石器遗址主要集中分布在百色盆地的右江区、田阳县和田东县一带

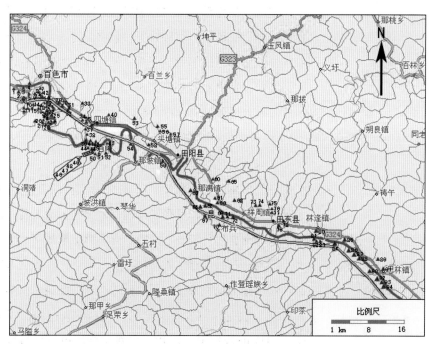

③ 百色盆地旧石器遗址分布图

东西长约100公里，南北最宽处约15公里的右江沿岸的第四级阶地上。此外，在百色盆地西北侧的永乐盆地及田林县、平果县也有一些分布。目前已发现的旧石器地点有130多处，是一个庞大的遗址群。其中，比较重要的有百色市右江区上宋、杨屋、百谷、小梅、大梅、枫树岛，田阳县的那赖、平合坡、三雷、那满、赖奎，田东县的高岭坡、长蛇岭、新州、坡洪等遗址。

（二）百色旧石器的种类和特征

或许，当你看到那些让学者们爱不释手的石器时，你会感到大失所望。那种普通和粗糙的石器，外行怎么看都不过是些有缺损的破石头，但专家却能够从它们的大小形状中看出许多外人所不了解的端倪来。

百色盆地的旧石器可分为砍砸器、手斧、手镐、刮削器、尖状器、薄刃斧等，以砍砸器为主，次为手镐、手斧。因为百色盆地地处亚热带，在更新世早、中期，气候炎热多雨、植被发育、森林茂密，生活在这里的古人类，为求得生存，发展了砍砸器一类的大型工具，以适应当地的自然环境。而广布的河漫滩上形状和大小极其多样的砾石，为远古人类制作石器提供了理想而丰富的材料。他们选取最接近所要制作的石器的毛坯原料，其形状一般是扁圆和长条形的，然后在其边缘选择合适的角度进行打击、剥片、修整，修出刃口，即可成

④砍砸器

⑤手镐

⑥薄刃斧

⑦刮削器

器。[1]

那么，如何区分这些旧石器？它们又有什么用途呢？

砍砸器系用砾石、石块或石核，在一边或几边，向一面或两面加工出刃缘的重型工具。主要用于砍伐竹木以获取制作竹木器的原料为用途的砍砸器，一般不需做精细的加工，只在砾石的一边或一端稍加打击，剥下几块石片，便可形成一个刃口；这样的刃口比较陡，但砍伐功效很高。[2]

手镐俗称大尖状器，用长条形砾石或厚石片在一端加工出尖刃的重型工具，形状及大小和手斧相似。具有挖掘和砍砸功能。

薄刃斧，它用大石片、结核或砾石打制而成，修整主要在侧缘和把端，与把端相对的一端是一横向切割刃。属于切割工具。

刮削器以石片或砾石为毛坯，沿一边（端）或多边单面打制而成。根据刃缘情况可分为单边、双边、多边和盘状刮削器。[3]可用于切割和刮削。

[1] 谢光茂：《百色旧石器与南亚、东南亚早期旧石器的关系》，《南方民族考古》1990年第3辑。

[2] 谢光茂：《论中国南方及东南亚地区早期砾石石器》，《东南文化》1997年第2期。

[3] 广西壮族自治区博物馆编，黄启善主编：《百色旧石器》，75页，北京：文物出版社，2003。

　　最具有特色的是手斧，它是旧石器时代首次出现的
经过两面修制、加工精细的重型工具。把端宽厚，一端
较尖而薄，样子多为梨形、椭圆形或长三角形。你知道
吗？这种看起来器形规整、优雅对称的工具，除了采用
双面打击工艺，还经过多道制作工序，是生产力极为低
下的旧石器时代早期先进的生产工具的代表。手斧的出
现，使人们在从事切割兽皮、砍伐竹木、挖掘植物根茎
的劳动时更加得心应手。[1]

　　当我们拿着这些工具，走在色彩鲜艳的红土坡上，
可以想象出远古人类的生活场景：他们在茂密的丛林里

⑧ 手斧

[1] 肖君：《谈谈"小小讲解员"解说词编写的体会》，《广西博物馆文集》
第七辑，37页，南宁：广西人民出版社，2010。

穿行，采摘到坚果类，用砍砸器取出里面的果仁；地上生长的藤本植物等，则以手斧和手镐挖出，这都是受欢迎的食物。手斧和手镐这两种工具体长、刃长、把厚重的特点，在劈破较粗的竹子树木方面，具有其他石器无法取代的功能。石片或薄刃斧一直是古人类钟爱的称手用具。现代的考古学家做过实验，用未加工的石片剥皮、肢解动物、切肉都很方便。[1]

百色旧石器属于砾石石器工业，其原料几乎都是砾石。岩性有石英岩、砂岩、硅质岩、石英、燧石、砾岩、火成岩等，以石英岩和砂岩为主。不同器类，在原料的岩性选择上差别较大：砍砸器多用石英岩，次为砂岩和石英；手镐以石英岩和砂岩并举，次为石英；手斧则以石英岩为主，砂岩为次；刮削器以砂岩为主，次为石英岩和硅质岩。[2] 百色盆地发现的石器，从旧石器早期到晚期的都有，随着科考工作者研究的深入，百色旧石器的文化面貌逐步得到认识，在旧石器早、晚期文化面貌中，既有共性也存在着差异。

共性：

a. 百色旧石器早、晚两期文化都属砾石石器文化。

b. 百色旧石器原料都是来源于河滩的砾石。

---

[1] 谢光茂：《论中国南方及东南亚地区早期砾石石器》，《东南文化》1997年第2期。

[2] 广西壮族自治区博物馆编，黄启善主编：《百色旧石器》，21页，北京：文物出版社，2003。

c.石器单面打击，多数保留砾面。

d.砍砸器、刮削器为常见工具。

差异：

a.百色旧石器的早期石器大且厚重，晚期石器较小。

b.百色旧石器早期常见手斧，晚期未见。

百色旧石器所存在的这些共性和差异，一方面表明旧石器时代晚期与旧石器时代早期具有传承性，另一方面也反映人类智能的提高和经济形态以及生态环境的变化，石器工具也随之改变。[1]

百色旧石器多半用粗砾打制而成，工具尺寸一般都超过10厘米，属于"重型工具"范畴。[2]百色旧石器不是"模式Ⅰ"那类简单的石片和石核工具，而是一个含手斧的石器工业，而且百色手斧具有阿舍利石器制作技术。百色手斧是真正的手斧已得到学术界公认。[3]从而说明了80万年前生活在百色的古人类，已经能够因地制宜，就地取材，制造出工艺技术先进的手斧。那么，什么是"阿舍利技术"呢？阿舍利是法国地名，"阿舍利技术"因在阿舍利发现了制造先进精细的手斧工具而得

[1] 黄启善：《广西百色旧石器考古综论》，《岭南考古研究》第6辑，30页，香港：中国评论学术出版社，2007。

[2] 侯亚梅、黄慰文：《百色旧石器研究》，《"元谋人"发现三十周年纪念暨古人类国际研讨会文集》，129页，昆明：云南科技出版社，1998。

[3] 黄启善：《广西百色旧石器考古综论》，《岭南考古研究》第6辑，30页，香港：中国评论学术出版社，2007。

名。[1]

长期以来，人类学家认为，最早制造工具的人生活在非洲，他们的作品被分为两个传统：一个是起始于250万年前的包括简单石核和石片的奥杜威文化；另一个是起始于至少150万年前的包括复杂的、两面打制的手斧在内的阿舍利（Acheulean）文化。此后，欧洲在50万年前也出现了阿舍利文化。[2]何谓"阿舍利文化"？阿舍利文化也叫阿舍利技术或"模式Ⅱ"技术，它是旧石器时代早期一种以手斧为主要特征的石器工业。最早发现于法国，因典型遗址阿舍利（St.Acheul）而得名。阿舍利文化在时间跨度上很大，大约处于距今150万年到距今20万年间，地理分布包括欧洲、非洲和亚洲[3]。

（三）考察留给考古工作者的谜团

考古工作者经过多次考察，面对如此广泛分布的百色旧石器，在高兴之余，也给他们留下了一连串的谜团。

1.缘何百色旧石器广泛大量分布于百色盆地地表，

[1] 施均显、陈运发：《百色旧石器文化探微》，《历史的启示——右江流域民族历史文化与经济开发研讨会暨广西历史学会第十次会员代表大会论文集》，57页，南宁：广西人民出版社，2003。

[2] 庞革平、冯飞勇：《百色重大考古发现纪事》，《人民日报·华南新闻》2005年12月08日 第4版。

[3] 广西壮族自治区博物馆编，黄启善主编：《百色旧石器》，85页，北京：文物出版社，2003。

地层中有旧石器吗?

在第四纪时期,百色盆地的右江河谷发育了七级河流阶地,第四级阶地呈连绵的岗丘广泛分布于河的两岸,是盆地中除第一级阶地外分布最广、宽度和厚度最大的阶地。阶地上部为砖红黏土,砖红土结构十分致密,表面受地面片流冲刷后形成细沟密布的岗垅。这级阶地远看一抹砖红,可称"红土阶地",虽然该阶地土地贫瘠,但却适于种植芒果,因此又可称为"芒果阶地",如今右江两岸高阶地上一片片郁郁葱葱的林地便是老乡们栽种的芒果树。自上世纪70年代初期以来,考古工作者在百色盆地发现了百余处的旧石器遗址或地点,旧石器地点分布位置都属于第四级阶地,阶地面由于受到雨水的侵蚀而导致高低不平,高差显著,广布有旧石器。

那么,第四级阶地是怎样形成的?旧石器为何对第四级阶地情有独钟?

上新世末至第四纪初,本区受喜马拉雅运动影响,经历了多次以间歇性抬升为主要运动形式的构造运动,随之形成7—1级阶地。右江河形成后,当地壳稳定时,河床没有下切,只是往两岸侵蚀或堆积,从而形成蛇形的河道。当河岸的一边(凹岸)被河水作横向切割、侵蚀时,相对的一边(凸岸)则接受堆积,从而形成宽阔的河漫滩。同时,洪水期河水上涨,在洪水退后,流水从上游带来的沙泥等物质会在凸岸沉积下来,从而使得凸岸的堆积增厚。后来由于青藏高原的构造运动，这一带的地壳抬升，右江河床下切，原来的河漫滩高出河床，形成一个台地。之后这一地区又经历了一个稳定期，河流的摆动又形成新的河漫滩，再次的地壳抬升又形成更低一级的台地。如此的反复，便依次形成了七级阶地。

约在距今七八十万年前，第四级阶地开始形成。在形成的过程中，有一群古人类来到了百色盆地，并在这里繁衍生息。人类生存离不开水，古人类除上山狩猎、采集外，还经常在右江河边活动，捕捞鱼虾等水生动物。为更好地适应潮湿燠热、野兽出没的生存环境，他们思考着、摸索着，开始尝试制作劳动工具。什么样的工具结实耐用，又方便取材呢？自然，触目所见的石头便成为古人类制作工具的首选，河漫滩上分布着的大小不等、形状不一的砾石为古人类制作石器提供了取之不尽的原料。他们在河漫滩上就地取材，制作石器，并在那里加工和处理食物。洪水来时，这些地方被淹，而洪水退后往往被一层淤泥覆盖，这样古人类制作和使用的石器就被掩埋起来。当第四级阶地形成后，河水再也淹不到，阶地面上也不会有河水带来的物质覆盖；相反，阶地的地表由于经常受到雨水的冲刷而开始被侵蚀，形成许多冲沟，慢慢地地表变得凹凸不平。原来埋在地下的石器，因为地表流水的冲刷侵蚀而暴露，进而被搬运到地面的冲沟。所以，当我们到遗址考察时，就发现石器都在地面。由于第四级阶地在百色盆地分布最广，且保存比较完好，因此，芒果树下、灌木丛中、土坡沟壑都能见到80万年前古人类制作的石器。当然，今天我们在第四级阶地所看到的石器只是被冲刷出来的部分，还有许多仍然沉睡在地层中。

现有考古证据表明，距今80万年前古人类来到百色盆地，并一直在这里生存。近年来，考古学家在比第四级阶地更晚的第三、第二级阶地中也发现有古人类制作和使用的石器。只是这些阶地形成得晚，侵蚀没有第四级阶地那么严重，大多数石器还是"待字闺中"，不为人所识。

上述就是缘何百色旧石器广泛大量分布于百色盆地地表的原因。那么，地层中究竟还有没有旧石器？这一谜团吸引了多支科学考察队伍深入百色盆地去寻找地层中的旧石器，科学家们能寻找到地层中的旧石器吗？解谜探秘之旅，请看第三章。

2.缘何只见石器不见人类化石？

考古工作者考察百色盆地，发现了众多的旧石器。但是，制作和使用这众多旧石器的古人类的化石到目前为止还没有发现，这究竟是为什么呢？这个谜团我们将在下文给予解答。

3.百色旧石器你的出生地（原生层位）在哪里？

面对百色盆地如此众多的旧石器，考古工作者不禁要问——百色旧石器你的出生地（原生层位）在哪里？

这也是摆在考古工作者面前的又一个谜团，等待着考古工作者去揭示。这个谜团我们将在第三章给予解答。

4.百色旧石器你的年龄是多少？

这些凝聚了古人类智慧，记载了人类发展脚步的工具，是什么时候制作的呢？考古断代有多种方法，如传统的地层学方法和近几十年才发展起来的同位素年代测定以及古地磁测定方法等，但这些方法却难以用来测定百色旧石器的年代。通常，考古学者是根据同一地层的动植物化石来判定出土物年代的，然而不幸的是，右江河谷一带都是带有强烈酸性物质的红土，酸性很强的红土把古生物化石腐蚀掉，因而在考古发掘中没有发现丁点古生物化石。当然，古人类化石更是荡然无存。这也是上文提到的百色盆地"缘何只见石器不见人类化石？"的原因所在。这就使得百色旧石器缺乏准确的断代依据，以致生物地层学方法无法采用。另外，依靠重建地貌发展史来确定遗址时代的计划，也由于青藏高原强烈隆起引起盆地内地貌状况的复杂化遇到了空前的困难。因此，百色旧石器的年龄成为了困扰考古工作者多年的一个谜团。

第三章　考古发掘研究——层层揭开百色旧石器的神秘面纱

　　哈莱姆·莫维斯（H.L.Movius），美国哈佛大学的一位考古学家，在1938年考察了东南亚上缅甸的安雅特文化（Anaythanian）和印度尼西亚的巴吉丹文化（Patjitaaiian）之后，认为这两种文化同印度西北部的索安文化（Soan）及中国的北京猿文化有着密切的亲缘关系，1948年，他画了一条被称为"莫氏线"的曲线，将使用手斧工具的地区和不使用该工具的地区人为地分为两个部分。他认为，旧大陆的旧石器时代早期，按照早期人类的技术和行为能力，存在着东、西方两个不同的文化传统和文化区。他把旧大陆（欧洲、非洲和亚洲）一分为二，认为在旧石器时代，欧洲、中东和非洲地区是早期人类文化的先进地区，是以西方的阿舍利文化即手斧文化传统为代表，能掌握先进工具制造技术的先进文化圈；而东方，包括整个东南亚、中国在内的广大地区，是只能制造简单的奥杜威工具即以砍砸器传统为特征的"文化滞后的边缘地区"，也就是说，东方人是一个"只会长个子不长脑袋"的低劣人种。"莫氏线"一经提出，足足影响了世界旧石器考古界大半个世纪，它也像一座大山一样重重地压在生活在所谓"文化滞后的边缘地区"这片大陆上人们的心头。

　　20世纪50年代以来，为了冲出这个包围圈，本土考古工作者们在这片大陆上努力地工作，孜孜不倦地寻找证据，遗憾的是，经过多年的辛勤劳动，一直没能找到足够的证据来挑战这条"线"。难道生活在这片大陆的人们就这么认命了吗？

　　1975年，李炎贤、尤玉柱两位学者将1973年在上宋村首次发现旧石器的调查报告在中国权威学术刊物《古脊椎动物与古人类》上发表。百色盆地发现旧石器的消息一经发布，即引起极大的轰动，国内外考古学家纷至

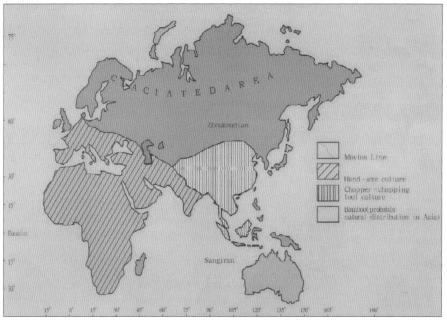

① 莫维斯线图

沓来，纷纷来到百色盆地进行考察和研究活动。自那时候开始，到20世纪80年代末，在长约90公里、宽约15公里、面积约800平方公里的右江河沿岸阶地上发现旧石器地点70多处，采集石器标本4000余件，[1] 其中也采集到含阿舍利技术的手斧。手斧的发现，极大震撼了科学家们的神经，我们这片大陆的古人类也有制造手斧的技术，那说明，我们可以冲出包围圈、跳出这条"线"了？科学家们心头狂喜。但问题不会是那么简单。因为，我们得到的这些标本，都是从地表采集到的，在地层出土的基本没有。科学家们一定要拿出足够的证据来向世界证明，百色旧石器在比较古老且原生地层也存在。经过长时间的思索，科学家们知道，要理清百色旧石器的来龙去脉，首先必须要解决三个主要问题：一是百色旧石器层位问题；二是百色旧石器的年代问题；三是百色手斧出土层位及年代问题。科学家们相信，只要这三个问题一经解决，其他问题就可以迎刃而解。说起来容易，但做起来可不是那么简单，科学家们哪里会想到，为解决这三个问题，足足花费了他们32年的心血，32年解决三个问题，说起来很多人都不会相信，百色旧石器研究的难度可想而知，正如从1986年以来一直主持百色旧石器研究项目的中国科学院古脊椎动物与古人类研究所黄慰文研究员所说："百色盆地研究可以用工作

---

[1] 谢光茂：《百色旧石器与南亚、东南亚早期旧石器的关系》，《南方民族考古》1990年第3辑。

②上宋旧石器时代遗址远景

③专家在上宋旧石器时代遗址考古

量大、难度大、但希望也大来概括。"[1] 往后我们会谈到科学家们是怎样抽丝剥茧，一步步揭开百色旧石器神秘的面纱，以此来挑战"莫维斯线"的。

一、寻找地层中的旧石器

百色旧石器的发现，引起了国内外考古学界的极大兴趣，他们纷纷撰文讨论百色旧石器出土的层位以及百色盆地阶地划分问题。特别是阶地的划分，是解决百色旧石器诸多学术问题如石器出土层位问题、石器年代问题等等基础工作之一，经过多年的努力，阶地的划分目前基本达成共识。

1987年，何乃汉等认为百色盆地可分为四级阶地。一级阶地高出右江水面10米左右，由灰褐色砾石和灰色砂质土构成堆积物；二级阶地高出右江水面15-20米，堆积物由灰褐色砾石和浅黄色亚砂黏土构成；三级阶地高出江面40-60米，堆积物由下部黄灰色砾石和上部的砖红色及棕黄色亚黏土构成；四级阶地高出江面90-120米，由下部黄

[1] 侯亚梅、黄慰文：《百色旧石器研究》，《"元谋人"发现三十周年纪念暨古人类国际研讨会文集》，127-130页，昆明：云南科技出版社，1998。

灰色砾石和上部的含结核的红土及灰黄色亚黏土构成堆积物。[1]

1988年，黄慰文等认为，百色盆地可分为五级阶地。一级阶地高出右江水面10-15米，由砾石层、交错砂层和浅褐色粉砂组成，不整合覆盖于第三系岩层之上；二级阶地高出江面24-34米，由砾石层和粉砂、砂质黏土构成，不整合覆盖于第三系岩层之上；三级阶地高出江面64米，由砾石层和黄色砂质黏土构成，不整合覆盖于"红土阶地上"；四级阶地为埋藏阶地，被三级阶地掩盖，在盆地中心一般高出江面54米，由厚砾石层和粉砂、砂质黏土、黏土构成，不整合覆盖于第三系岩层之上；五级阶地高出江面120-135米，仅见于盆地边缘，由厚1米残存砾石层为代表，不整合覆盖在三叠纪岩层之上。[2]

1999年，袁宝印等认为，百色盆地可分为七级阶地。他们以百色市人民公园—甘化公司乙炔气厂阶地剖面、田东县高岭坡和百色市小梅村高村山阶地剖面为例进行系统分析，认为一至四级阶地为堆积阶地或基座阶地，一、二级阶地高出江面10-15米，阶地宽约5-7千米，是盆地地貌的主体和主要的农业区；由老第三纪地层构成的低缓丘陵高出江面100-300米，其边缘形成右

[1] 何乃汉、邱中伦：《百色旧石器研究》，《人类学学报》1987年第4期。

[2] 黄慰文、刘源、李超荣、员晓枫、张镇洪、曾祥旺、谢光茂：《百色旧石器的时代问题》，《纪念马坝人化石发现30周年文集》，95-101页，北京：文物出版社，1988。

江的三、四、五级阶地；三级阶地在盆地东部不发育，盆地西部比较多见；四级阶地在盆地分布较为普遍，它们仍保留台地状的阶地形态，因受后期构造运动影响，往往被断层错断为几个不同高度的台阶，致使不同的调查者划分阶地的数目有很大差别。在丘陵较高的部位，可以看到三级高度不同的平台，其上部散布河流砾石和铁盘碎块，台地的斜坡上有红色黏土堆积，从而构成了七级阶地。[1]

由此可见，不同的学者可能对百色盆地的地质地貌复杂性和多样性把握的标准不一样，所以对百色盆地阶地划分的数目就不一样。由于袁宝印等构建的百色盆地右江阶地序列，不仅细致且具有科学合理性，而且还具有人性化的可操作性。基于这些原因，目前学术界基本认可袁宝印等对百色盆地右江阶地的划分法。

百色盆地阶地的划分大家已取得了共识，那么，百色旧石器到底出在哪级阶地上呢？我们看看科学家们对这个问题的认识过程。

1975年，李炎贤等认为，百色旧石器出自右江的第三级阶地堆积中，第三级阶地高出江面35米。[2] 1983年，曾祥旺认为石器分布在三、四级阶地，第三级阶地高出江面50-60米，堆积物自下而上为半胶结的褐色砾

---

[1] 袁宝印、侯亚梅、王頠、鲍立克、郭正堂、黄慰文：《百色旧石器遗址的若干地貌演化问题》，《人类学学报》1999年第3期。

[2] 李炎贤、尤玉柱：《广西百色发现的旧石器》，《古脊椎动物与古人类》1975年第4期。

石层、砖红色的红土层、棕黄色的亚黏土层；第四级阶地高出江面90—120米，堆积物自下而上为灰褐色砾石层、含钙质结核的红土层、灰黄色的亚黏土层。[1] 1979年，广西壮族自治区文物工作队对田东县新州煤矿长蛇岭石器地点进行试掘，出土四件石器，他们也认为石器出自第三级阶地。[2] 1987年，何乃汉等也认为石器出于

④ 百色旧石器遗址剖面图

[1] 曾祥旺：《广西百色地区新发现的旧石器》，《史前研究》1983年第2期。

[2] 广西文物工作队：《广西新州打制石器地点的调查》，《考古》1983年第10期。

三、四级阶地，第三级阶地高出江面40-60米，堆积物由下部的黄灰色砾石和上部的砖红色土及棕黄色亚黏土构成；第四级阶地高出江面90-120米，堆积物由下部的黄灰色砾石和上部的含结核的红土及灰黄色亚黏土构成。[1] 1988年，黄慰文等开始也认为石器出自第三级阶地的可能性最大，因为：一是过去采集的石制品绝大部分出露于红土阶地的原生砖红土层表面，是第三级阶地

⑤ 地表上散落的旧石器

---

[1] 何乃汉、邱中伦：《百色旧石器研究》，《人类学学报》1987年第4期。

受严重剥蚀后保留下来的；二是广西文物工作队曾对长蛇岭遗址进行发掘，石器也是出自第三级阶地。[1] 1996年，曾祥旺还认为百色旧石器分布在第二、三、四、五级阶地。[2]

为了构建一套较完整的地层记录，精确把握百色旧石器出土层位，为下一步工作奠定基础，1988年冬，中国科学院古脊椎动物与古人类研究所和广西壮族自治区博物馆联合组成考古队，对田东县林逢镇檀河村坡算屯一个叫高岭坡的遗址进行发掘，发掘面积36平方米，在砖红壤土层中出土了69件石制品。主持这次发掘项目的黄慰文研究员激动地说："这次小规模的发掘纠正了我们曾经将第三级阶地看作石器层位的推测。根据此次发掘的结果和我们对百色盆地内主要产石器地点的实地观察，现在可以说：百色石器的主体部分——自1973年以来历次从砖红壤化阶地表面采集到的数千件标本，产自相同的层位，即砖红壤层。"[3] 这个报告在1990年的《人类学学报》一经发表，即得到了大多数学者的认同。

砖红壤，就是俗称的网纹红土（petterned red

[1] 黄慰文、刘源、李超荣、员晓枫、张镇洪、曾祥旺、谢光茂：《百色旧石器的时代问题》，《纪念马坝人化石发现30周年文集》，95–101页，北京：文物出版社，1988。

[2] 曾祥旺：《广西百色市百谷屯发现的旧石器》，《考古与文物》1996年第6期。

[3] 黄慰文、冷健、员晓枫、谢光茂：《对百色石器层位和时代的新认识》，《人类学学报》1990年第2期。

earth，petterned red soil，Laterite），又称蠕虫状红土
（vermicular red earth，myrmekitic red earth）。带有白色
如指状、管状、虫状或黄白色交织网纹的红色黏土。由
于干湿气候的交替，红色黏土层长期受氧化还原交替作
用的影响，还原部分黏土层中的铁质沿裂隙下移而使这
部分黏土褪色成白色（白色为纯水铝石$Al_2O_3 \cdot H_2O$），
部分黏土层中的铁质发生水化使这部分黏土变成黄色，
因而见白色及黄色网纹夹杂于红色黏土层中。网纹红土
在中国长江以南地区广泛分布。至于网纹红土的成因，
学术界存在不同的观点。有人认为是红土风化的作用，
是古风化壳；有人认为红色风化壳主要形成于湿润热

⑥ 百色旧石器遗址——裸露的大片网纹红土

带、亚热带高温多雨环境，在此种湿热多湿的条件下进行以脱硅富铁铝为主的化学风化过程，实质就是地球化学风化作用；有人认为是植物作用的结果，植物根系对三价铁的吸收，从而导致产生贫三价铁现象；另外是还原说，还原作用使三价铁还原成二价铁而呈网纹等等。虽然观点不同，但对其年代学术界的看法基本上是一致的，一般认为是中更新世的产物，相当于旧石器时代早期的中、后阶段，这对百色旧石器年代的确定是一个至关重要的佐证。[1]

百色旧石器出土层位已经确定在第四级阶地的网纹红土中，沿着右江河两岸，大部分的石器地点都出露网纹红土，从远处极易分辨。现在，无论在右江河干流还是在其支流如驮娘江、澄碧河流域，只要看到红土，往上找，都极有可能发现旧石器，这已经成为百色旧石器考古工作者普遍遵守的一个定律。

二、寻找能断定百色旧石器年龄的物质

1988年，百色旧石器层位确立以后，摆在考古学家们面前的第二个问题即百色旧石器年代问题接踵而来。虽然有一些考古学家对百色旧石器年代作了推论，如：

---

[1] 广西壮族自治区博物馆编，黄启善主编：《百色旧石器》，17–18页，北京：文物出版社，2003。

1975年，李炎贤等把百色旧石器归于旧石器时代晚期，以后的一些报告也沿用了这种说法；[1] 1987年，黄慰文笼统地把百色旧石器归入中更新世；[2] 1988年，黄慰文等根据右江河谷地貌发育史情况，将百色旧石器时代放在同盐井沟动物群或周口店动物群相当的中更新世，即旧石器时代早期的后阶段；[3] 1990年，黄慰文等根据有关构造运动、右江河谷地貌及古环境等资料分析，纠正了1988年的说法，认为百色盆地含旧石器的砖红壤化阶地的堆积时代不会晚于北京人时代早期，即旧石器时代早期的中阶段。[4] 当然，这些推论都没有在地层中找到直接的证据作支持，说服力不强。要在地层中找到有力的证据来判定百色旧石器的年代，还得另寻他法。

令科学家们头疼的是，百色旧石器埋藏的土壤属于砖红壤，即网纹红土，酸性极强，把原先埋藏在它里边的动物化石都腐蚀掉了，旧石器常用的断代方法——地层古生物学断代法在百色旧石器的研究中用不了。怎么办？难道要放弃？科学家们不甘心啊！在这关键时候，有一位学者突然想到，我们是不是换个思路寻求别的方法来解决，比如，可以参照美国科学家克莱尔·皮得森

---

[1] 李炎贤、尤玉柱：《广西百色发现的旧石器》，《古脊椎动物与古人类》1975年第4期。

[2] 黄慰文：《中国的手斧》，《人类学学报》1987年第1期。

[3] 黄慰文、刘源、李超荣、员晓枫、张镇洪、曾祥旺、谢光茂：《百色旧石器的时代问题》，《纪念马坝人化石发现30周年文集》，95—101页，北京：文物出版社，1988。

[4] 黄慰文、冷健、员晓枫、谢光茂：《对百色石器层位和时代的新认识》，《人类学学报》1990年第2期。

⑦ 雷公墨—玻璃陨石

利用陨石来测定地球年龄的方法来测定百色旧石器的年龄。[1] 这个办法可行吗？考古工作者注意到，百色盆地高阶地上，都可能随时捡拾到一种黑色的、不同形状的、表面有气孔的物质，我们称之为"玻璃陨石"，即流星雨，民间称为"雷公墨"。唐代刘恂著《岭表录异》记载："雷州骤雨后，人于野中得石如瞖石,谓之雷公墨。和之铮然，光莹可爱。"雷州在今广东省雷州半岛一带。但问题是，这"雷公墨"与百色旧石器有什么关系？这"雷公墨"是什么时候来的？这就需要考古学家和天体物理学家来回答。

天体物理学家回答比较简单，他们说，在地球历史上曾有四个较大的玻璃陨石散布区，即：①澳大利亚散布区，包括澳大利亚、印尼、菲律宾、越南和中国雷州半岛、海南岛等地，同位素年龄约70万年；②象牙海岸散布区，主要在象牙海岸和加纳，同位素年龄约130–150万年；③莫尔达维散布区，位于捷克斯洛伐克南部，同位素年龄约1400–1470万年；④北美散布区,发现于德克萨斯州和华盛顿等地的始新世地层中，同位

[1] [美]比尔·布莱森：《万物简史》，严维明、陈邕译，132–141页，南宁：接力出版社，2005。

素年龄约3500万年。[1]

下面就要轮到考古学家来回答了。要很好回答这个问题，考古学家们必须进行严格的考古发掘，在地层中找到这种玻璃陨石，但条件也相当苛刻，玻璃陨石不仅不能被搬运过和冲磨过，而且要和石器具有一种共存的关系。这难度可相当大啊！因为百色盆地可有着800平方公里的面积，考古学家们总不能遍地都开挖吧，且不说耗费的时间长，耗费的人力物力也是相当大的！考古学家们怎样才能找到一块风水宝地，满足上面提到的条件呢？

为了解决这个问题，经考古学家们多方游说，国家文物局批准，于1991年确立了由中国科学院古脊椎动物与古人类研究所和广西壮族自治区博物馆牵头进行关于百色旧石器多学科综合研究的课题。课题组经过一年多时间在百色盆地反复考察、反复论证，他们把眼光瞄上了位于百色市东南约15公里的百谷遗址。该遗址海拔210米，高出右江河面105米，其所在的阶地是这一河段两岸最高的阶地，属第四级阶地，通过对该遗址自然剖面的观察，发现它保存有完整的二元结构。上层由砖红色黏土和网纹红土组成，下层为砾石层。砾石岩性有石英岩、硅质岩、砂岩、石英、火成岩、燧石等，是制作石器的主要原料。要找到石器与玻璃陨石共生于网纹红

---

[1] 张峰、黄志涛、莫进尤：《广西博白县及百色盆地玻璃陨石裂变径迹年龄研究》，《科学通报》1994年第15期。

土中，才能成为断定该地层的年代直接证据之一。

1993年3月至4月，由中国科学院古脊椎动物与古人类研究所和广西壮族自治区博物馆为主体、地方文博部门配合所组成的联合考古队，对百谷遗址进行严格的考古发掘。这次发掘选在一个顶部平坦的小山包，共开挖2×2米的探方五个，28×2米的探沟一条。

百谷遗址的考古发掘工作每天都有条不紊地进行着，百色3、4月的天气已相当炎热，工地显得有些沉闷，但工作人员仍然紧张地盯着探方内挖掘人员的一举一动。3月下旬的一天，当其中一个探方挖到距地表约50厘米深时，出土了一块石器，一位工作人员小心翼翼地清理着，突然，听到他大叫一声："我找到了玻璃陨石！"大家都不太相信，以为他发什么神经，但围过去一看，真的不得了，在那块石器旁边，静静地躺着一颗黑乎乎的东西，大小约1×1×2.5厘米左右，以大家的眼光，这不是玻璃陨石还能是什么？顿时，整个工地沸腾了，终于找到可以为百色旧石器测定年龄的宝贝，当时，主持这个项目的中国科学院古脊椎动物与古人类研究所专家黄慰文、袁振新、侯亚梅及广西壮

⑧ 百谷旧石器遗址发掘现场组图

族自治区博物馆专家谢光茂、王頠等显得都很激动，这可是百色盆地首次在地层中发现玻璃陨石，并且与石器有共存关系，能不激动吗？大家辛辛苦苦忙碌为的是什么，还不是为了找到这个东西？2008年3月22日、3月29日中央电视台《科教频道·百科探秘》栏目播出的《百色手斧》节目里再现了当时的情景。

此后，考古工作者在高岭坡、小梅、杨屋、大梅和枫树岛等重要的含手斧遗址的相关地层中都发现了或多或少的玻璃陨石。其中陨石发现密度最高的当属2002年由中国科学院古脊椎动物与古人类研究所专家黄慰文、侯亚梅研究员负责发掘的杨屋遗址。侯亚梅研究员在与袁俊杰学者合著的《百色：灵巧直立人VS天外来客》科普文章中这样写道："在一片仅有几十平方米范围内，垂直间距大约为20公分内的同一层面上集中发现了近40颗大小不同，小到几毫米大到几厘米、形态各异的十分罕见的玻璃陨石散落面：以2 m× 2 m为单元布下的十几个探方中的9个探方都发现了玻璃陨石，最多的一个探方玻璃陨石的分布密度达到2颗/m^2。这些陨石所呈现出的个体差异以及锋锐的体表特征向我们昭示着一个不争的事实：我们见证的是这些外星来客散落至此又被埋藏80万年之久后重见天日的时刻。"[1] 由此可见，杨屋遗址玻璃陨石出土的密度之高。

---

[1] 侯亚梅、袁俊杰：《百色：灵巧直立人VS天外来客》，沙金庚主编《世纪飞跃——辉煌的中国古生物学》，197页，北京：科学出版社，2009。

⑨ 杨屋遗址2002年玻璃陨石散落层发掘现场（图片引自侯亚梅、袁俊杰：《百色：灵巧直立人VS天外来客》图8，沙金庚主编《世纪飞跃——辉煌的中国古生物学》，北京：科学出版社，2009。）

⑩ 杨屋遗址2002年发掘出土的部分玻璃陨石（图片引自侯亚梅、袁俊杰：《百色：灵巧直立人VS天外来客》图9，沙金庚主编《世纪飞跃——辉煌的中国古生物学》，北京：科学出版社，2009。）

　　玻璃陨石是一种天然玻璃物质，大多数玻璃陨石的形状与熔融溅射物的形状相似，有球状、细长状、哑铃状、液滴状、纽扣状和不规则的块状等。常呈黑色或深绿色，半透明，一般认为，玻璃陨石是巨大的陨石或彗核撞击地球，使地球表层岩石熔融高速溅出坑外急速冷却而成。也有人认为，玻璃陨石是从宇宙空间降落到地球大气层的玻璃雨。关于玻璃陨石的成因，学术界目前还没

⑪ 百色盆地杨屋遗址2002年发掘人员（前排右3:黄慰文；前排左1:侯亚梅）（图片引自侯亚梅、袁俊杰：《百色：灵巧直立人VS天外来客》图5，沙金庚主编《世纪飞跃——辉煌的中国古生物学》，北京：科学出版社，2009。）

有一致的看法。[1]

　　1994年，在百谷出土的这批陨石被运到北京，交由中国原子能科学研究院的专家们进行测定。原子能科学研究院郭士伦教授领导的专家小组利用"裂变径迹法"对这些陨石进行测定，最后得出结论："根据考古学和地层学发掘资料，所测玻璃陨石是降落在与石器相同层位而未被搬运过的。因此，所测玻璃陨石的年代即为石器被古人类制作、使用和丢弃的年代，或广西百色古人类生活的年代。这一年代值为0.732±0.039百万年。"[2]就是说，百色旧石器的年代在73.3万年左右。这个年代与澳大利亚玻璃陨石散布区所测得的同位素年代基本一致，可以说，百色盆地的玻璃陨石与70万年前的那场陨石雨有直接的关系。可以想象得到，70万年前生活在百色盆地的古人类，亲眼目睹了一场壮观的陨石雨，但也给他们带来巨大的灾难，陨石雨引起森林大火，一部分人类被大火吞噬，接着而来又是地震，一部分人类也被埋没，剩下很少的一部分人类也不得不离开家园，去寻找新的生存之地。遗憾的是，当时古人类生存的这片土地为砖红壤土，属酸性土壤，腐蚀性强，埋没在这里的古人类未能留下片骨，不过留下了他们自己制作的工具以及毁灭他们的元凶——玻璃陨石，所以今天我们才能知道他们生活的年代，这真是不幸中的万幸。

---

[1] 黄志涛：《广西玻璃陨石初步研究》，《地质地球化学》1995年第4期。

[2] 郭士伦、郝秀红、陈宝流、黄慰文：《用裂变径迹法测定广西百色旧石器遗址的年代》，《人类学学报》1996年第4期。

中国科学家测定百色旧石器年代数据1996年公布以后，国内外有一些科学家不相信，特别是国外学者，大都持怀疑态度，为了打破这种尴尬的局面，1999年至2000年，中国科学院与美国史密森研究院国立自然博物馆组成联合考察队，将科学采集到的玻璃陨石样本送到美国伯克利地质年代学研究中心测试，地质年代学家阿伦·丹诺用"氩—氩法"测得的同位素年龄为距今80.3万年。"也怪了"，主持百色旧石器项目的黄慰文研究员无奈地说："我们测得73万年，好多人不相信，别人测得80.3万年，比我们多7万年，全世界都信了。"百色旧石器的年代为80.3万年目前似乎已成为共识，加利福尼亚大学的古人类学家克拉克·豪威尔认为，年代的确定，解决了几十年来困扰国际考古界的重大难题，促使考古研究不得不对亚洲人类文明起源进行重新评估。1998年3月13日美国《科学》（*Science*）杂志发表Ann Gibbons的文章《中国，灵巧的直立人》，以评论方式首次报道百色盆地旧石器考古取得重大进展。2000年3月，由中国科学院古脊椎动物与古人类研究所研究员侯亚梅等九位中外科学家共同撰写的百色盆地阶段性研究报告《中国南方百色盆地中更新世似阿舍利石器技术》又在该杂志上以彩色封面加评论的形式隆重发表，正式公布了伯克利地质年代学中心的测量结果，引起了强烈轰动。这些80万年前的手斧其精巧程度足以和非洲的阿舍利技术媲美，时代甚至老于欧洲的手斧。为此，2001

⑫ 百色旧石器研究项目的组织者黄慰文研究员和侯亚梅博士在观察地层。

⑬ 百色旧石器挑战"莫氏线"理论被中国科技部评为"2000年中国基础科学研究十大新闻"之一（证书复印件）。

年，中国国家科技部将百色旧石器的发现研究成果与纳米技术、人类基因组等重大发现一起评为"2000年中国基础科学研究十大新闻"。

对于用玻璃陨石作为石器测年结果，有人赞同也有人反对。赞同者认为，该遗址年代数据十分理想，填补了一个至关紧要的空档；反对者认为，玻璃陨石很少发现于原生土层，通常发现在比他们实际年代较晚堆积。古人类用玻璃陨石制作工具或者用作护身符，在澳大利亚，陨石还被土著人搬动；有人以中爪哇桑吉兰人类化石地点玻璃陨石

⑭ 2000年中国基础科学研究十大新闻百色旧石器成果汇报展开展会场

重新堆积为例，认为玻璃陨石不能代表其所在堆积的年代，更不用说考古材料的年代了；还有人认为，百色的玻璃陨石全部都有流水冲磨的痕迹，而石制品则没有。黄慰文研究员等人肯定玻璃陨石是原地埋藏，并与石器共生，没有被流水和人工搬动过。近几年在百色发掘的杨屋、上宋、枫树岛等遗址也发现石器与玻璃陨石共生，玻璃陨石没有搬动或被流水冲刷的痕迹。[1] 如前述《百色：灵巧直立人VS天外来客》一文谈到的杨屋遗址发掘出土玻璃陨石的情况，就是原地埋藏玻璃陨石出土的有力证据之一。事实上，早在玻璃陨石测年方面的确证之前，从与之相关的地层、地貌、石器比较等方面的考察研究，如上文所提到的，学者们就已经得出百色石器所在地层相当古老的结论。

当然，提供百色旧石器年代佐证还有前文提到的网纹红土年龄问题。因为百色盆地网纹红土中存在着石器文化已是不可争议的事实。因此，弄清网纹红土的形成年代，对石器年代的推测或断定，具有十分重要的意义。对网纹红土年龄的看法，有几种不同的意见，但都趋于一致。

席承蕃1991年撰文认为，我国华南地区这种砖红壤土一般都不整合地覆盖在晚中生代至早第三纪的岩层之上，它经历了早更新世的红色黏土夹滚圆砾石的第四纪

---

[1] 广西壮族自治区博物馆编，黄启善主编：《百色旧石器》，19-25页，北京：文物出版社，2003。

初叶，进入中更新世的网纹红土形成阶段，到了晚更新世可能是红色风化壳形成的极盛期，甚至在全新世早期仍有明显脱硅富含铁铝风化过程。[1]

德日进和杨钟健教授在长江、珠江下游作新生代地质调查时，认为南方的砖红壤年代与华北泥河湾的堆积相似，属于早更新世。[2]

刘椿教授对百色盆地百谷和高岭坡两个旧石器遗址进行的古地磁测定，也认为百色盆地红土形成于早更新世。[3]

丁梦林等认为，网纹红土形成于早更新世晚期或更早的时期。[4]

黄慰文认为，在中更新世结束之后，网纹红土形成条件已不复存在。[5]

邢历先生在1989年发表文章时说，有人认为网纹红土的形成可能早到早更新世晚期或更早的时期。[6]

1999年，袁宝印教授针对百色旧石器遗址的地质、

[1] 席承蕃：《论华南红色风化壳》，《第四纪研究》1991年第1期。

[2] 广西壮族自治区博物馆编，黄启善主编：《百色旧石器》，20—25页，北京：文物出版社，2003。

[3] 广西壮族自治区博物馆编，黄启善主编：《百色旧石器》，4页，北京：文物出版社，2003。

[4] 丁梦林、方仲景、计凤桔等：《对长江下游雨花台砾石层及网纹红土地层划分及时代的新认识》，《第四纪冰川与第四纪地质论文集》第三集，139—143页，北京：地质出版社，1987。

[5] 黄慰文：《南方砖红壤层的早期人类活动信息》，《第四纪研究》1991年第4期。

[6] 邢历生：《庐山地区第四纪冰期的古地磁年代》，《中国地质科学院地质力学研究所文集》1989年第2期，71—78页，北京：地质出版社，1989。

地貌问题，进行了专门的调查研究，认为百色盆地形成于第三纪初期，在早第三纪喜马拉雅运动主幕作用下，盆地上升，早第三纪沉积出现错断和挤压，并遭受剥蚀，上新世末至第四纪时期，构造运动出现为间歇式抬升，盆地中形成了七级阶地。[1]

由于网纹红土已成为反映中国南方更新世高温、湿热的热带自然环境的标志，与华北地区所显示干冷气候的黄土形成鲜明的对比。就是说，学者们大都同意网纹红土形成于早更新世，中更新世是她发育的旺盛阶段，后来对江西庐山和泰国湄南河上汪河MAE、MOH盆地的砖壤化石层年代进行测定，得出砖红壤化砾石层堆积时代早于73万年前，这个年代与百色旧石器通过出土的玻璃陨石所测得的年代接近，从而从另一个侧面为百色旧石器年代提供了一个重要的佐证。

三、寻找地层中的手斧

百色旧石器的层位问题及年代问题基本得到解决，并得到大多数学者的公认，但作为百色旧石器中最有特色的标志性器物——手斧，虽然它属于阿舍利技术的手斧，即真正的手斧也已得到学者们的承认，而它的年代问题却受到许多学者的质疑。究其原因，一是自1973

---

[1] 袁宝印、侯亚梅、王頠、鲍立克、郭正堂、黄慰文：《百色旧石器遗址的若干地貌演化问题》，《人类学学报》1999年第3期。

⑮枫树岛遗址近景、远景

年以来在百色盆地采集的数千件石器中，虽然手斧占10%左右，但它们都是在地表捡拾，没有一件出自地层；二是自1988年至2003年，考古工作者在百色盆地的多个遗址进行过多次发掘，都没有在地层中出土过手斧。因此，部分学者认为玻璃陨石虽然和百色手斧在一起，但不排除人为搬动过或者别的外力的作用，玻璃陨石的年代有可能比百色手斧早。

为了锁定百色手斧的年代，考古工作者又开始了更为艰难的搜寻。从2003年到2004年，中国科学院、广西自然博物馆和右江民族博物馆等单位的考古工作者，经过两年的艰苦努力，终于在澄碧湖库区里的枫树岛上找到一处保存尚好的旧石器遗址。2004年12月至2005年1月，由中国科学院古脊椎动物与古人类研究所、广西自然博物馆、右江民族博物馆和田东博物馆专家共同组成的研究小组，对枫树岛遗址进行严格的考古发掘，发掘面积64平方米。

⑯枫树岛遗址及发掘现场组图

在距地表50厘米的深槽原生网纹红土中，发现了1件手斧和1件玻璃陨石共存一处；在探方中发现4件手斧和11件玻璃陨石以及近百件手镐、石核、石片等石制品。整个文化层厚约1米，玻璃陨石位于文化层中部。出土的玻璃陨石表面锋利，没有搬运磨蚀的迹象。5件手斧均为两面加工，原料为砂岩和火山岩，上面保留网纹红土留下的印记，与百色盆地其他遗址发现的手斧相似。

该遗址发现的手斧与玻璃陨石处于同一层位，因此，枫树岛遗址手斧的年代与玻璃陨石在亚太散布区散落的时代基本一致，为距今80.3万年。

随后，在2005年夏开始的南百高速公路考古大会战中，田阳那赖遗址、百色南半山遗址的地层中都发现手斧与玻璃陨石的共存关系，这再次证明百色手斧年代为距今80万年是毫无疑问的。

考古专家们一致认为，百色旧石器的特征十分明显，从整体来讲它是一组含手斧的砾石石器工业。原料一般选用石英岩、石英、硅质岩、砂岩等砾石。个体形态粗大且厚重，一般重600～1000克，最大者长约38.3厘米，宽19.3厘米，厚9厘米，重7.5千克左右。多数采用单面剥片，少数采用两面剥片加工，加工方法主要是锤击法，少数用碰钻法，打击台面为砾石面或石片疤，一般不再修理台面。第二步加工极少，交互打击在两面剥片中比较常见，多数石制品保留着原来固有的砾石

⑰ 美国《科学》杂志封面上发表的百色手斧。

⑱ 广西文物工作队谢光茂研究员陪同俄罗斯与香港专家在百色考察。

面。[1] 石器类型虽然不多，有手斧、手镐、各式砍砸器等大型工具，也有尖状器、端刮器、刮削器等较小的工具，另有石锤、石片、石核等辅助类型。地方特色浓厚，既反映地区的差异性，也显示出区域的适应性，百色旧石器的组合一般就是砍砸器、手镐、手斧三种器物，手斧虽然不多，但它却是这个组合中标志性的器物。手斧是一种双刃、两面修整的切割工具。谢光茂先生认为，百色手斧有几个特点：一是大多数用砾石加工，少数用石片和石核制作；二是主要用锤击法制作；三是以横向加工为主；四是几乎所有的手斧或多或少都保留砾石面；五是形状多样，主要有三角形、卵形、肾形、矛头形等几种；六是百色手斧与尖状器（目前称手镐）制作技术基本相同。进而提出，百色手斧是在砍砸器基础上由尖状器（目前称手镐）直接演变而来。[2] 后来，他根据百色手斧的这些特点，认定百色手斧是真正手斧。但由于百色手斧的原料（多为石英岩）质地粗

[1] 广西壮族自治区博物馆编，黄启善主编：《百色旧石器》，83—90页，北京：文物出版社，2003。

[2] 谢光茂：《百色手斧研究》，《纪念黄岩洞发现三十周年论文集》，116—123页，广州：广东旅游出版社，1991。

糙、结构面多，且有的在制作工具时已被风化，这在很大程度上影响手斧的制作质量，因此，百色手斧更多地显示出早期类型手斧的特点。[1]

百色手斧的发现及其年代的确定，这一新成果决定性地驳斥了一个长期存在的假设：东亚的直立人比非洲直立人缺少智慧和适应能力。这证实了东方的早期人类和西方的早期人类在体能和文化上并无本质的差别。从而从根本上动摇了统治世界考古界长达半个世纪的关于东西方存在两个文化圈的理论，即"莫维斯线理论"。

就目前东方各国的考古新发现的情况看，把旧石器初期世界划分为两个截然不同的文化圈的观点已不符合客观事实。在朝鲜半岛的全谷里文化、爪哇的巴芝丹文化、印巴次大陆西北部的索安文化等等都发现有手斧。在中国，目前发现有手斧的遗址和地点不是一两个，而是共有三个地区，即黄河中游的"汾渭地堑"、长江中游的汉水谷地和珠江水系整个流域，其中珠江水系的百色盆地发现的手斧数量最多。如果把零散地点算在内，沿着东南沿海一直到辽东半岛都有分布。其实这两大文化圈中，主要的器物种类两者都有，只是用料和素材有所不同。正如美国加利福尼亚大学克拉克教授研究了百色的手斧后认为"百色手斧与世界其他地方发现的手斧一样，并非模仿和抄袭任何其他的传统"。黄慰文研

---

[1] 谢光茂：《关于百色手斧问题——兼论手斧的划分标准》，《人类学学报》2002年第1期。

究员将百色的石器工业与东非的奥杜威文化、手斧文化
（又称阿舍利文化）对比研究后认为，百色石器工业在
成分、技术和类型等方面都不属于奥杜威文化，而是同
西方手斧文化或模式Ⅱ技术水平相当的工业。一直参与
百色手斧研究的考古学家侯亚梅说："这个发现意味着
在'莫氏线'两边的技术、文化和认知能力是相似的，
它有助于人们摆脱'莫氏线'的束缚。"人类起源计划
署首席科学家、美国史密桑尼安研究院国家自然博物馆
人类学部主任理查德·波茨认为："百色盆地的旧石器
是迄今为止东亚所发现的数量最多的包含阿舍利因素的
石器工业组合。不仅在工具的形式上，而且在它们遍布
整个盆地的踪迹所反映出来的活动方式上，也和非洲阿
舍利工业的遗址十分雷同。"由于百色手斧，不论是制
作技术、器物形状，甚至在年代方面都与非洲的部分手
斧有着很多的相同处，所以美国斯坦福大学理查德·科
莱恩又指出："这是一个非常重要的遗址，它展示了80
万年前生活在中国大地上的古人类制作工具的技术与非
洲的古人类一样老练。"不过他同时指出："我们注意
到了西部阿舍利工业中的标志性物件——泪珠状手斧类
型的缺失，这意味着两地制造工具的传统在各自发展过
程中一直是未曾接触，它说明了百色遗址的旧石器工业
不是西方阿舍利工业在东方的一个翻版。"[1]中国科

---

[1] 广西壮族自治区博物馆编，黄启善主编：《百色旧石器》，5—6页，北京：文物出版社，2003。

学院张森水教授、北京大学吕遵谔教授实地考察百色旧石器遗址后，也都认为百色旧石器砾石工业制造技术应属本地自生。由此可见，百色石器制作技术既不是西方阿舍利石器工业技术的"翻版"，也不是西方阿舍利石器工业技术传播的结果，而是两地人类在各自战胜类似的自然条件而创造类似的工具，手斧文化不只是西方有，东方也存在，从而填平了东西方文化上的"技术鸿沟"[1]。

经过30多年考古工作者不懈的努力，百色旧石器的研究在经历一个漫长的认知过程后正一步步地揭开她神秘的面纱，以其独特的魅力展示在世人面前。2003年由黄启善、谢光茂、林强等人编写出版的《百色旧石器》专著，是对百色旧石器三十年工作的一个总结。但百色旧石器的研究，难度大，情况复杂，问题多，要理出清楚的头绪来，还需要做大量的工作，因此，重视对百色旧石器的研究，匹夫有责，国人有责，世人有责，只有国内外学术界联手攻关，百色旧石器文化才能发扬光大。

四、寻求交流平台——两次国际研讨会，百色旧石器大出风头

百色旧石器研究取得的成果，为世人所瞩目。国内

[1] 黄慰文：《中国的手斧》，《人类学学报》1987年第1期。

外知名学者纷纷要求到实地进行参观考察。为此，召开一次高规格的、具有影响力的国际学术会议变得迫在眉睫。2005 年12月6—10日，由中国科学院古脊椎动物与古人类研究所、广西自然博物馆、广西博物馆和百色市共同主办的"百色盆地旧石器研究暨旧大陆早期人类迁徙与演化"国际学术研讨会在百色召开，来自中国、美国、法国、英国、西班牙、比利时、德国、南非、以色列、印度等国的49名(国内代表26名，国外代表23 名)古人类研究专家齐聚百色，在研讨会上进行热烈的交流。大会收到论文46篇，共有33位中外学者在大会上作报告，内容涉及旧石器考古学、古人类学、古生物学、第四纪地质学、地球化学等多学科研究内容，与会者就

⑲ 百色旧石器国际研讨会现场

百色盆地多年来旧石器遗址研究的阶段性成果、东亚南部早期人类的迁徙、演化特点、环境背景及其与旧大陆其他地区早期人类活动及其环境背景等进行了深入的探讨，取得了丰硕的成果。会议推动了中国古人类学研究及相关学科与国际学术界的互动，为研究人类起源和演化提供了有效的交流平台，促进了学科的发展和进步。会议期间，主办方还安排了野外考察，共考察了百色的枫树岛遗址、南半山遗址，田东的么会洞遗址、高岭坡遗址等，与会学者都对百色旧石器遗址保存完整及旧石器的精美表示由衷的赞赏。同时，会议期间，中央电视台派出记者全程跟踪拍摄，会后不久，中央电视台《科教频道·百科探秘》栏目特为此制作了一组《百色手斧》节目，于2008年3月22日、3月29日分两期在该频道播出，引起了极大的轰动。此外，国内的一些报刊如《人民日报》等也派出记者报道了这次会议的盛况。

2009年10月19日—23日，纪念北京猿人第一头盖骨发现80周年国际古人类学术研讨会暨第一届亚洲第四纪研究学术大会在北京召开。在此次国际学术会议上，百色旧石器又成为焦点。中国科学院古脊椎动物与古人类研究所研究员、联合国国际史前及原史科学协会常务理事侯亚梅，广西自然博物馆馆长、研究员王頠等学者先后报告了《中国旧石器文化的"西方元素"》、《百色手斧工业及中国手斧现象的时空分布与演化》、《广西百色枫树岛手斧的技术类型学研究》、《中国的

⑳ 国内外考古专家在百色旧石器遗址考察。

㉑ 国内外考古专家在百色旧石器遗址考察。

手斧工业属于"阿舍利文化"》、《华南百色盆地西部的中更新世双面器》等多篇论文，引起了与会各国专家学者的极大兴趣和关注。作为会议重要组成部分之一，大会主办方安排了两条考察线路，其中一条就是百色。虽然路途遥远，却吸引了来自国内和美国、加拿大、南非、波兰、日本等国的30多位专家、学者前来考察百色旧石器遗址。

2009年10月25日一大早，专家们前往澄碧湖枫树岛开展实地考察。风光绝美的澄碧湖，令专家们心胸舒畅，30多分钟的行船过程中，他们无一待在船舱内，全部走上了观光台，欣赏美景，手中相机频频举起。

然而一踏上枫树岛，他们马上把如画风景抛在了脑后，眼光一律朝下，在现场上开展仔细的搜索。很快他们就发现脚下处处是宝，由于雨水的长期冲刷，不少旧石器裸露在地表上，砍砸器、刮削器、玻璃陨石……不断进入专家视线，使得他们进入高度兴奋的状态。

"This is a good one"(这是件好东西)、"beautiful"（漂亮的）、"comfortable"（适手的）的赞叹声不时响起。不多久，一名来自日本专家发现了手斧，他兴奋地高高举手起来，大声招呼大家过去看，专家们纷纷围拢了过来，兴奋地讨论起来，又是一片"beautiful"、"comfortable"的赞叹声。

专家们在小岛上度过了近三个钟头才依依不舍地离开。上船后，还有几位专家在船头把随手捡来的十多件旧石器在船头摆开，仔细观察，互相交流自己的初步发现。

"百色遗址近乎完美"，日本东京大学教授佐藤宏之说。加拿大研究非洲大陆史前文化著名学者茉莉教授认为，百色发现的手斧具有西方"阿舍利石器工业"的典型特点，而且有确凿的测年证据，80万年前生活在百色的古人，就能够因地制宜，就地取材，制造出工艺技术先进的手斧。[1] 从而证

㉒田东布兵盆地么会洞遗址

---

[1] 岑平和、黄胜敏：《百色旧石器遗址"近乎完美"——中外考古专家百色考察侧记》，《右江日报》2009年11月14日第3版 。

实东亚早期人类与西方同时期的人类具有同样高超的石器加工技术，动摇了东西方早期人类技术存在优劣的"莫氏线"理论。

这两次国际会议，无疑地把百色旧石器研究推上了高潮，从此，百色旧石器的研究不再是孤军奋战，我们已找到交流的平台，全世界的目光都会紧盯着她，我们有理由相信，百色旧石器研究的道路会越走越宽，百色旧石器文化会越传越广。

五、寻找古人类化石——洞穴遗址考古正在进行中

前文已提到，百色盆地的土壤为砖红壤，即网纹红土，属酸性土壤，腐蚀性强，不利于保存动物化石，实践也证明了这个道理。那么，考古工作者怎样才能找到动物及人类化石，来佐证百色盆地古人类生存的证据？考古工作者的目光不禁投向了百色盆地边缘的附属盆地——布兵盆地。

布兵盆地位于广西百色市田东县城以西12公里，为平行于百色盆地的小型附属盆地，呈北西—南东走向，长约16公里，宽约2公里。布兵盆地发育于石灰岩山地中，

㉓ 布兵盆地全貌

盆地北侧一条狭长的地垒与百色盆地隔开，布兵盆地周边喀斯特峰丛地区，发育众多岩溶洞穴。20世纪70年代末，考古工作者在这个盆地的一个叫定模洞的洞穴中发现了三颗人牙化石，从此，揭开了在该盆地洞穴遗址考古的序幕。

定模洞人化石于 1979年秋在田东县祥周乡模范村定模山的溶洞中发现。最初为田东新洲右江矿务局下属的长岭矿曾祥旺同志（后调到右江民族博物馆任副馆长）利用工余时间在矿区附近进行考古调查，搜集了有关资料。1980年12 月，中国科学院古脊椎动物与古人类研究所的李有恒、吴茂霖和广西博物馆的彭书琳、周石保组成野外调查队，由曾祥旺配合，对该洞穴进行了全方位考察。先后在石钟乳盖板层下淡黄色的堆积中得到人牙化石三枚，这三枚人牙分属三个不同个体，均是中年人的臼齿；同时出土10件打制石器，其中砍砸器2件、刮削器3件、石核2件、石片3件；伴随出土的有32种动物，有大猩猩、猩猩、东方剑齿象、纳玛象、亚洲象、中国犀、貘、巨貘、犀、野牛、水牛、野猪、华南豪猪、水鹿、鹿、麂、大熊猫、中国熊、虎、最后斑鬣狗、猪獾、狗、竹鼠、豪猪、陆龟、雉科以及丽蚌、田螺、蜗牛等化石。考察成果《广西田东县祥周公社定模洞调查报告》发表在《人类学学报》1985年第2期上。随后，曾祥旺也发表《广西田东县定模洞人类化石及其文化遗存》一文，被收入《广西文物考古报告集》（广西人民出版社 1993年）一书中。

通过对定模洞出土物的分析，李有恒等认为，定模洞出土的人牙化石，是右江流域第一次发现的旧石器时代的古人类材料，它表示与"柳江人"大致同一时代的古人类曾经生活于右江两岸（即旧石器晚期阶段）。他们也同时指出，在这个地区进一步探寻旧石器时代文化及其地层和开展古人类工作，具有重要意义。[1] 而王幼平则认为，定模洞出土的动物群成员多是华南大熊猫—剑齿象动物群常见种类，从现生种类多、最后斑鬣狗的存在等特征来看，属于晚更新世，并且可能是较晚的阶段，而且，定模洞出土的石制品与百色盆地的石器在选料、打制方法等方面都有很大区别，应该属于较晚期的石器工业。[2] 这些推断，无疑为定模洞人的年代画上了句号，说明她与百色盆地的旧石器人类隔着好远的年代距离。为此，百色洞穴遗址的考古陷入了长时间的停顿。

从2001年开始，王頠博士（原广西自然博物馆馆长、现广西民族博物馆馆长）接手了这个工作。他带领他的团队，对整个布兵盆地进行了全方位考察，先后发现吹风洞、么会洞、雾云洞、陆那洞、瀑布下洞、中山洞、定雾洞和村空洞等一批洞穴保存有动物化石，其中

---

[1] 李有恒、吴茂霖、彭书琳、周石保：《广西田东县祥周公社定模洞调查报告》，《人类学学报》1985年第2期。

[2] 王幼平：《更新世环境与中国南方旧石器文化发展》，28页，北京：北京大学出版社，1997。

有的还发现古人类化石，时代从早更新世早期至全新世晚期。

2001年3月，王頠等在布兵盆地进行洞穴调查时，发现么会洞的堆积层含有丰富的哺乳动物化石，而且从中采集到1枚硕大的人类牙齿化石（编号为MH0001）。么会洞位于盆地东南边缘的一座峰林的半山腰，为第6层溶洞，洞口底板海拔215m，高出当地河床65m，洞口朝东，洞厅宽敞，长约50m，宽2–6m，高5–10m。

2002年10月至12月和2003年11月，他们对该洞进行两次发掘，又发现一批动物化石和少量石制品，其中包括了另一枚人类牙齿化石。这枚人类化石为一枚完整的右下第二臼齿（M2）。编号为MH0001牙齿特征是：石化程度较高，整枚牙齿呈乳白色，硕大，齿根粗壮，除牙根末端被啮齿类动物啃咬而缺失外，牙齿其余部分保存完好；咬合面轻微磨耗，齿尖及其相对位置清楚，近中面中部有较大的椭圆形的齿间磨耗面；被颊侧下方的

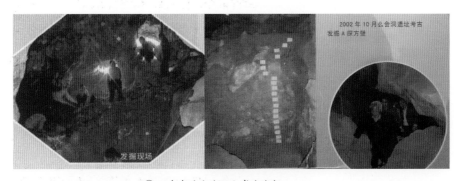

㉔田东布兵盆地洞穴考古发掘

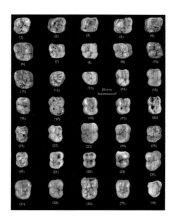

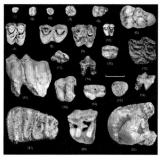

㉕ 么会洞出土的人牙化石

另一小椭圆形磨耗切割。根据牙齿的形态、齿间磨耗面形状和相对位置以及牙根形状来判断，这枚牙齿为下颌右侧第二臼齿的可能性较大。通过多方比较和论证，考古专家推断，么会洞人类化石的尺寸显著大于周口店、和县与蓝田的标本，很可能是代表亚洲直立人的一种早期类型。[1]

　　么会洞出土的石制品共8件，其中3件用石片打制的薄刃斧，2件分别用卵石、石片打制的手镐，以及3件石片，么会洞出土的这些石制品表明洞穴存在早期人类的活动。人类不太可能在洞穴处于地下的时期进入，只有当地壳抬升至一定高度、洞穴露出地面之后，人类才有可能选择洞穴作为活动场所。因此，么会洞内人类活动的时代应该晚于洞穴堆积形成的时代。么会洞石制品的加工方法与百色盆地旧石器具有相似的性质，暗示它们之间可能存在相对密切的关系，这对进一步研究百色盆地旧石器的相关科学问题提供了至关重要的线索。[2]

[1] 王頠、Richard Potts、侯亚梅、陈运发、吴华英、黄慰文：《广西布兵盆地么会洞新发现的早更新世人类化石》，《科学通报》2005年第17期。

[2] 王頠、Richard Potts、侯亚梅、陈运发、吴华英、黄慰文：《广西布兵盆地么会洞新发现的早更新世人类化石》，《科学通报》2005年第17期。

同时，根据出土的哺乳动物群的面貌分析，么会洞发现的小种大熊猫、爪蹄兽、裴氏猪和小猪等均为柳城巨猿动物群组合中的典型分子，也与重庆巫山龙骨坡动物群相似。么会洞的小种大熊猫牙齿化石的尺寸也较小，代表早更新世的一种早期类型。因此，么会洞动物群的时代应该接近上述二地点。据古地磁研究和电子自旋共振法(ESR)测定，巫山龙骨坡遗址年代大约距今200万年，么会洞人类化石很可能成为亚洲迄今已知的年代最早的人类化石之一。[1]

张镇洪认为，么会洞出土的MH0001这枚牙齿大小都超过其他直立人的同类牙齿，但长宽指数接近，而且从上述的牙齿形态、结构方面的特征都可见于周口店直立人，只是原尖很大且强烈向颊侧方面延伸而有所区别。这种差异很可能是年代差异所造成的，可能比百色盆地第四级阶地上发现的那一套砾石石器工业年代更早些。这更加凸显出百色旧石器在我国乃至整个亚洲地区有关旧石器早期文化的起源与发展的研究中是多么的重要。[2] 布兵盆地洞穴遗址考古目前仍在如火如荼进行中，它发现的哺乳动物化石、人类化石以及旧石器，已经被国内外学术界广泛关注并给予充分肯定。么会洞发现距今180—200万年的人类牙齿化石，是迄今为止东亚发现最早的人类化石之一，对研究东亚早期人类的起源具有重大科学意义。另外洞穴内发现的大量哺乳动物化石，将为重建和恢复早期人类生活的环境背景提供重要材料。布兵盆地发现不同高度的11层洞穴，保存化石丰富，经过在中国、美国和加拿大年代学实验室采用目前最先进的年代测定方法测定，其年代为距今200万年—500万年之间。因此，布兵盆地洞穴堆积物是研究华南乃至东亚第四纪气候变化、环境变迁和生物进化的最为理想的地区。

---

[1] 王頠、Richard Potts、侯亚梅、陈运发、吴华英、黄慰文：《广西布兵盆地么会洞新发现的早更新世人类化石》，《科学通报》2005年第17期。

[2] 张镇洪：《南蛮不蛮——论珠江流域史前文化》，75–77页，香港：中国评论学术出版社，2010。

第四章 2005年考古大会战
——新发现令人惊喜

考古发掘是指考古工作者通过科学方法对地下埋藏的古代文化遗存进行揭露的活动。考古发掘可分为两类，一类是主动性发掘，是指为了研究某项课题或解决某个考古学问题而主动进行的发掘；另一类是抢救性发掘，是指在基本建设中发现古遗址、古墓葬等情况，文物或古迹面临灭失、损毁危险时，不得不进行抢救的被动性发掘。

自从1973年百色旧石器发现以来，为了获取百色旧石器的相关研究资料，考古工作者就锲而不舍地在右江河谷开展百色旧石器的考古发掘研究工作。这些考古发掘工作按其性质和特点同样可分为主动性发掘和抢救性发掘两类。

百色旧石器的主动性发掘多是在上世纪末期进行并持续至今。其中比较重大的主动性发掘活动，如前文已介绍过的为寻找地层中的旧石器，中国科学院古脊椎动物与古人类研究所和广西壮族自治区博物馆联合组成考古队，于1988年冬对田东县林逢镇檀河村坡算屯高岭坡遗址进行的发掘；为寻找能断定百色旧石器年龄的物质，由中国科学院古脊椎动物与古人类研究所和广西壮族自治区博物馆为主体、地方文博部门配合所组成的联合考古队，于1993年3月至4月对百谷遗址进行的考古发掘；为寻找地层中的手斧，由中国科学院古脊椎动物与古人类研究所、广西壮族自治区自然博物馆、右江民族博物馆和田东博物馆等单位专家共同组成的研究小组，于2004年12月至2005年1月对枫树岛遗址进行的考古发掘等等。

上世纪末以来，为配合南昆铁路、百色至罗村口和南宁至百色高速公路及百色水利枢纽工程等基本建设，考古工作者对铁路、高速公路建设工程沿线和水库淹没区的一大批古遗址、古墓葬等进行了抢救性考古发掘。其中百色旧石器时代遗址共发掘了十余处，发掘面积达3万多平方米，出土文化遗物近8万件。百色旧石器时代遗址的考古发掘工作出现了以抢救性发掘为主，主动性发掘为辅的新时期新特点。

2005年7月至2006年2月，为配合南宁至百色（坛洛至百色）高速公路建设，广西文物考古研究所组织了中国科学院古脊椎动物与古人类研究所、中国社会科学院考古研究所、广东省文物考古研究所、广西壮族自治区自然博物馆等区内外十余家考古单位的十多支发掘队伍，对南宁至百色高速公路工程建设涉及的百色旧石器时代遗址群进行抢救性考古发掘，共发掘遗址12处。总发掘面积达2.8万平方米。[1] 此次发掘的遗址均分布在右江河谷的百色市右江区、田阳县、田东县三县(区)，其中右江区有大梅、南半山、六合、六怀山、六拉山等五处遗址；田阳有那赖、

---

[1] 韦革：《南宁—百色高速公路考古发掘项目通过验收》，《中国文物报》2006年12月27日第2版。

那满、那哈等三处遗址；田东有檀河、坡洪、那平、百渡等四处遗址。这是百色盆地旧石器考古历年来发掘面积最大的一次考古发掘，也是广西考古史上规模空前、投入考古力量最多的一次发掘，被称为考古大会战！

南百高速公路考古大会战成果显著。在这次历时半年多的大规模考古发掘活动中，考古工作者分别从各个遗址发现了大量的旧石器及多处石器加工场，并再度发现了百色手斧与玻璃陨石共存于一个地层的现象。同时，还在多个遗址的早晚不同的地层中均发现有旧石器的现象和用火痕迹，以及新石器时代人类定居遗址的柱洞遗迹和沟渠。这一个又一个的新发现，令考古工作者惊喜不已！这些新发现为百色旧石器的延续性等相关课题的进一步研究提供了十分宝贵的资料。下面将这次考古大会战的突破性成果作简单的介绍。

一、首次在不同的地层中发现旧石器

此次考古大会战发掘的旧石器遗址地点达12处之多，均位于穿越右江河谷的南百高速公路建设工地沿线。出土的遗物以石制品为主，另有为数不少的玻璃陨石；据不完全统计，石制品约2.5万件，玻璃陨石450多件。[1] 石制品发现数量较大的遗址为大梅遗址和那赖遗

---

[1] 林强、谢光茂、韦江：《广西百色盆地旧石器时代考古发掘取得重大突破》，《中国文物报》2007年5月4日第2版。

址，其他遗址出土的石制品相对较少，数量不一。这12个遗址除坡平遗址的地层堆积直接压在第三纪基岩外，其他遗址均处于右江河谷典型的网纹红土阶地(第四级阶地)上，其中大梅遗址跨越三个阶地。从总体上看，各个遗址的地层堆积大同小异，尤其是位于网纹红土阶地的遗址。这些遗址的地层堆积有两种情况：第一种情况是堆积由上部的均质红土层和下部的网纹红土层组成，但两者之间无明显界线，属于渐变关系；均质红土层又可进一步分为若干小层。除网纹红土层出手斧外，均质红土层和网纹红土层出土的石制品无明显差别，且均属原地埋藏。属于这类堆积的遗址有南半山、那满、六怀山等遗址。第二种情况是堆积也分为上部的均质红土层和下部的网纹红土层，但两者之间有一明显界线，而且此界线是起伏不平的；均质红土层也可进一步分为若干小层。在均质红土层和网纹红土层的界面上分布较多的石制品，这些石制品多有明显的冲磨痕迹，器表也有一定程度的风化，在原料和石制品组合上跟其下的网纹红土层出土的石制品一致。

根据地层堆积和地质地貌分析，砾石层之上的网纹红土层，为河流沉积而成；位于网纹红土层之上的均质红土为坡积，是保留阶地形成后网纹红土层在地表流水的作用下，受到冲刷和侵蚀，在地势低凹的地方形成的次生堆积。出土于这种次生堆积的石制品是原地埋藏的，没有经过搬运，因此，它的年代要晚于网纹红土层的石制品。根据地层和出土遗物初步推测，百色盆地旧石器存在于早、晚不同阶段。其中出自网纹红土层与玻璃陨石共存的包括手斧在内的石器，其年代较早，为旧石器时代早期；而出自均质红土层上部的石制品，包括石器制造场和用火遗迹，其年代最晚，可能为旧石器时代晚期。[1] 大梅遗址的第二至四级阶地的地层中都出土了数量众多的旧石器。这些出自不同地层、不同阶地的遗物不可能属于同一年代，显然存在早晚不同阶段，证实了百色盆地旧石器存在早晚关系，这是历年来发掘工作的一个重大突破，反映了古人类在这里繁衍生息的持续性，而且跨越时空相当的长。

二、发现旧石器加工场

此次发掘揭露出两处大型石器加工场。在大梅遗址的较晚地层发现一处大型石器加工场，揭露面积约700平方米。制造场内分布着成千上万的石制品，包括砾石、石锤、石核、石片、砍砸器、刮削器、断块、碎片等，成品很少。这些石制品反映出石器制作的各个环节。尤为重要的是，制造场内发现许多"石堆"，多由断块、碎片组成，"石堆"直径大小多在50厘米以内，石制品岩性单一，往往只有一种岩性，表明是一个石器加工

---

[1] 林强、谢光茂、韦江：《广西百色盆地旧石器时代考古发掘取得重大突破》，《中国文物报》2007年5月4日第2版。

点，代表一个作业者的工作位置。[1] 在坡洪遗址也发现
了类似的石器加工场。在那哈和那赖两个遗址的较晚地
层中也发现几个石器加工点。在那赖遗址北区的较晚地
层还揭露出一个大型石器分布面，面积近2000平方米，
石器分布密集，连成一片，大多为工具类型，缺少断块
和碎片，应为古人类活动面。专家分析认为，像大梅遗
址这样规模大、石制品丰富、保存完好的旧石器时代晚
期石器加工场的发现，在华南地区属于首次，这对于研
究当时的石器制作工艺和技术具有重要的学术价值。

三、发现用火遗迹

此次发掘在大梅遗址、坡洪遗址等遗址发现多处旧
石器时代晚期的用火遗迹。[2] 在大梅遗址大型石器加工
场范围内发现两处烧土面，直径分别约30厘米。在坡洪
遗址第二层底或第三层表发现三处含有大量炭粒、红烧
土等用火遗迹，分布范围直径约30~50厘米不等。六怀
山遗址也发现类似的旧石器时代晚期的用火遗迹。这些
用火遗迹年代可能晚于80万年前。人类用火遗迹是本次
考古的重要新发现，考古专家初步推断，在旧石器时代
晚期的石器加工场发现人类用火遗迹，说明制作石器的

---

[1] 林强、谢光茂、韦江：《广西百色盆地旧石器时代考古发掘取得重大突
破》，《中国文物报》2007年5月4日第2版。

[2] 林强、谢光茂、韦江：《广西百色盆地旧石器时代考古发掘取得重大突
破》，《中国文物报》2007年5月4日第2版。

① 大梅遗址大型石器加工场

② 大梅遗址发掘现场

古人休息时曾在这里烧烤食物，因为周围没有发现陶器之类的碎片。用火是人类走向文明的标志，火的使用，使百色旧石器时代晚期的人类在生活方面产生了大改变，古人类可能懂得使用火来取暖、照明、驱赶猛兽，也可能通过用火聚群而居、加工食物，以及制作和创造新的生活资料等，并通过改变物质营养成分，促进人类体质进化等。正如贾兰坡先生所说："人类对火的控制，是人类制作第一把石刀之后，在人类历史上发生的第一件大事。这一伟大创造，在人类发展史和人类文化史上，有着极其重大的意义。"[1]

附录：2005年南百高速公路考古大会战遗址简介 [2]

1. 大梅遗址

该遗址位于百色市右江区四塘镇桂明村大梅屯东北侧，右江河的南岸。2005年进行发掘，分四个发掘区，总发掘面积达6000平方米。发现大型石器加

---

[1] 贾兰坡等：《人类用火的历史和火在社会发展中的作用》，《历史教学》1956年第12期。
[2] 黄启善：《广西百色旧石器考古综论》，《岭南考古研究》第6辑，24页，香港：中国评论学术出版社，2007。

③ 六合遗址发掘现场

工场、用火遗迹等，出土了砍砸器、手镐、刮削器等一批遗物。年代从旧石器时代早期到旧石器时代晚期。

2. 南半山遗址

该遗址位于百色市右江区四塘镇桂明村大梅屯东则，右江南岸的第四级阶地，与大梅遗址相距约1公里。2005年进行发掘，发掘面积达2500平方米。出土有手斧、砍砸器、玻璃陨石等遗物374件，其中旧石器215件，玻璃陨石159件。遗址年代大约在旧石器时代初期。

3. 六合遗址

该遗址位于百色市右江区龙景街道办事处大湾村六合屯西南面约600米处的六合山。2005年发掘，发掘面积1000平方米。出土旧石器有手镐、砍砸器、刮削器、石片、石核、石锤、断块石器等文物69件，另外还有玻璃陨石伴随出土。在遗址上层还发现有石锛、砺石等新石器时代文化遗物。属于跨越新、旧石器两个时代的遗址。

4. 六怀山遗址

该遗址位于百色市右江区龙景街道办事处大湾村六怀山。发掘面积1000平方米。出土有石片、石核、砍砸器、手镐等文化遗物

173件。年代大约在旧石器时代初期。

5. 六拉山遗址

该遗址位于百色市右江区四塘镇永靖村冻演屯六拉山，右江南岸第四级阶地。2005年进行发掘，发掘面积500平方米，出土有石片、石核、手镐、砍砸器等文化遗物。遗址年代大约在旧石器时代初期。

6. 那赖遗址

该遗址位于百色市田阳县田州镇兴城村那赖屯，与田阳县城隔右江相望。2005年发掘，发掘面积4000平方米。在网纹红土地层中出土大量的石器，种类有手斧、手镐、砍砸器等，并与玻璃陨石共存。在遗址堆积的上部，还发现新石器时代早期文化遗存。该遗址年代早到旧石器时代初期。

7. 那满遗址

该遗址位于田阳县那满镇那满中学背后。2005年发掘，发掘面积1000平方米。发现石核、石片、砍砸器、刮削器、尖状器、薄刃斧、石锤等文化遗物。遗址年代大约在旧石器时代初期。

8. 那哈遗址

该遗址位于田阳县那满镇治塘村塘例屯东约500米的那哈山上。2005年发掘，发掘面积2000平方米。出土砍砸器、手镐、刮削器等打制石器和研磨器、石锛等磨制石器。年代从旧石器时代早期至新石器时代。

9. 檀河遗址

该遗址位于田东县林逢镇檀河村坡算屯南的高岭坡上。2005年发掘，发掘面积2000平方米。出土旧石器约60多件，包括砍砸器、手镐、刮削器、石片等。遗址年代大约在旧石器时代初期。

10. 坡洪遗址

该遗址位于田东县林逢镇檀河村绿洪屯南面的坡当公山坡顶上。2005年发掘，发掘面积2000平方米。发现大量的旧石器，包括手镐、砍砸器、刮削器、石锤、石片等。另外，还发现用火遗迹。年代为旧石器时代早期到晚期。

11. 那平遗址

该遗址位于田东县林逢镇公靖村那初屯。发掘面积1000平方米。出土有砍砸器、刮削器、石片等文化遗物，年代大约在旧石器时代初期。

12. 百渡遗址

该遗址位于田东县祥周镇百渡村南约300米的绿林坡上。2005年发掘，发掘面积2000平方米。出土有砍砸器、尖状器、刮削器、薄刃器、手镐、石片等文化遗物。年代大约在旧石器时代初期。

第五章　百色旧石器遗址的重要意义

为什么说百色盆地旧石器遗址很重要呢？让我们来看看吧！

一、它是一个富含手斧的、80万年前的石器工业

它是一个富含手斧的、80万年前的石器工业，是东亚早期人类同样具有西方同时期人类所具有的高超石器制作技术的物证，对进一步研究东亚早期人类的起源、进化、迁徙具有重要意义。

从前文所述我们可以知道，百色旧石器自1973年发现以来，至今已从遗址中采集和发掘到的石制品超过两万件，有砍砸器、手斧、手镐、刮削器等多种类型的工具，其中，手斧占百分之十，且具有西方阿舍利的石器制造技术，年代早到80.3万年前。百色丰富的80.3万年前的旧石器是早期人类活动的物证，表明早在80.3万年前在百色盆地一带就已经有古人类在繁衍生息了，而且人很多，活动也很频繁。就像中科院古脊椎动物与古人类研究所黄慰文研究员所说："80.3万年前，百色当时可以说是一个相当兴旺发达的地方，人很多，植物很

① 百色旧石器遗址散见于地表的
旧石器

② 百色旧石器遗址（百谷遗址）
散见于地表的旧石器

③ 百谷遗址地表上的旧石器

多。"百色旧石器的存在，证明了早在80.3万年前，百色早期古人类已经会制造和使用多种类型的工具，尤其会制造和使用手斧那样的史前先进的工具。会制造和使用工具是猿向人类进化的重要标志，这些信息反映了当时百色古人类的进化程度、认知水平已较高。百色手斧的存在，还证明"莫氏线"理论提出的所谓西部先进的"手斧文化圈"（非洲、欧洲、中东地区）以外的东部落后的"砍砸器文化圈"（东亚、东南亚等地区）内也有手斧文化存在，手斧不是"莫氏线"理论所讲的"手斧文化圈"内的"专利产品"。从第三章中我们了解到，年代早到80.3万年前的百色手斧具有西方阿舍利的石器制作技术，且制作精巧程度足以和非洲同时期的阿舍利技术媲美，甚至远胜于欧洲同时期的石器。2000年，由美国出版的世界著名的《科学》杂志，以《中国南方百色盆地中更新世似阿舍利石器技术》为题，发表了由中外学者对百色手斧共同研究的成果。这篇文章证实了东亚等亚洲早期人类同样具有先进高超的石器加工技术，他们的进化程度和适应能力与西方的早期人类旗鼓相当。百色手斧这一东亚早期人类的技术发展水平，也得到了国际学术界专家的肯定。美国史密森研究院国立自然历史博物馆人类学部主任、联合国人类起源计划署首席科学家鲍立克说："百色遗址的旧石器是迄今为止东亚所发现的数量最多的饱含了阿舍利因素的石器工业组合，它的制作需要具备与'西方'生产阿舍利工业技术同样的行为和技术能力。""研究表明，早期人类在行为上并无差别，一旦面对开阔的环境，人类的祖先数十万年里在不同的地方生产相差无几的石器。"

"百色手斧的发现说明'莫氏线'两边的人类在技术水平、文化和认知能力上的类似。"[1] 美国加利福尼亚大学伯克利分校的古人类学专家克拉克·豪威尔说："百色盆地的考古研究证明亚洲的直立人在发现了适合的石料之后，独立地发展了他们自己的工艺制作传统。"[2] 美国爱荷华大学人类学系主任古人类学家拉赛尔·石汉说："百色的旧石器文化表明了亚洲直立人的足智多谋……"[3] 巴黎自然历史博物馆前馆长、法国古人类研究所所长德隆美说，百色手斧不是百色的，是全中

---

[1] 中国科学院古脊椎与古人类研究所、美国史密森研究院国家自然历史博物馆主办的2005年12月在百色召开的"百色盆地旧石器暨旧大陆早期人类迁徙与演化国际学术研讨会"，右江民族博物馆负责承办的《百色旧石器专题展》。

[2] 中国科学院古脊椎与古人类研究所、美国史密森研究院国家自然历史博物馆主办的2005年12月在百色召开的"百色盆地旧石器暨旧大陆早期人类迁徙与演化国际学术研讨会"，右江民族博物馆负责承办的《百色旧石器专题展》。

[3] "百色旧石器打造亚洲人类文明"展，广西自然博物馆制作，于2001年在百色右江民族博物馆展出。

④ 中国科学院古脊椎动物与古人类研究所黄慰文、侯亚梅研究员，中国科学院地质物理研究所著名地质学家袁宝印，美国史密森研究院国立自然历史博物馆人类学部主任、人类起源计划署首席科学家鲍立克等在百色考察。

国的、全世界的。[1] 等等。百色手斧是旧石器时代亚洲早期人类智慧的结晶，其加工技术是旧石器时代亚洲早期人类智慧的体现，闪现出亚洲早期人类智慧之光！百色手斧证明了东西方早期人类不分优劣，东亚早期人类同样具有西方同时期人类具有的高超石器加工技术的智慧。

百色旧石器中的手斧除了表明东亚早期人类同样具有西方同时期人类具有的高超石器加工技术外，还是考古工作者今后进一步研究东亚早期人类的起源、进化、迁徙难得宝贵资料，对该研究具有重要意义。

因为百色旧石器是迄今为止东亚发现的年代最早的含手斧的石器工业。那么百色旧石器的制造者和使用者，他们到底是土生土长的，还是外来的？如果是土生土长的，那他们是一直待在这地方，还是迁移到别的地方去？如果

[1] 韩建清、庞革平：《百色考古：改写人类进化史》，《人民日报·华南新闻》2005年12月21日第20版。

是外来的，又是从哪里来？他们打制的石器技术，是自己发明创造的，还是外来人传入的？他们与非洲、欧洲等等地区在石器文化上有无交流？他们的智力发展、进化程度与其他地区的古人类的智力发展、进化程度相比状况如何？等等一系列与东亚早期人类的起源、进化、迁徙研究相关的问题，百色旧石器都是很好的研究材料，对这些研究起到不可或缺的作用。

二、它拥有众多的80万年前陨石撞击地球事件遗留下来的玻璃陨石

它拥有众多的80万年前陨石撞击地球事件遗留下来的玻璃陨石，使它具有多重研究意义。

一是为判断遗址的年龄提供了确凿的依据（这一点第三章已有介绍，在此就不重复了）。二是可为国内外具有玻璃陨石的遗址提供对比研究的基础。玻璃陨石有一定的特殊性，它"在地球上有一定的陨落区，每个陨落区中的玻璃陨石，代表了一次天体陨落事件"。[1]百色的玻璃陨石属亚澳散布区。是6500万年以来新生代期间发生的五次大规模的天体撞击地球事件中最近一次的证据。[2]正因为

---

[1] 付婷婷：《广西玻璃陨石的元素地球化学特征》，成都理工大学硕士学位论文（2010年），知网空间www.cnki.com.cn。

[2] 中国科学院古脊椎与古人类研究所、美国史密森研究院国家自然历史博物馆主办的2005年12月在百色召开的"百色盆地旧石器暨旧大陆早期人类迁徙与演化国际学术研讨会"，右江民族博物馆负责承办的《百色旧石器专题展》。

⑤ 那赖遗址出土众多的玻璃陨石

⑥ 上宋遗址出土的玻璃陨石

玻璃陨石具有区域性分布以及同一地区的玻璃陨石的年龄彼此很接近的特点，研究人员就可以根据这些特点对同一玻璃陨石散布区的遗址进行对比做出年龄判断。百色旧石器遗址的玻璃陨石经过美国伯克利地质年代学研究中心按国际通行的检测程序测得的年龄是距今80.3万年。这一确凿的年龄，可以为国内外同属于玻璃陨石亚澳散布区的遗址对比提供坚实的基础。三是为研究地球突发事件与人类进程的关系提供了难得的样本。80万年前这场突如其来大规模的天体撞击地球事件，对当时生活在百色盆地的早期直立人来说无疑是一场大的灾难，他们亲历了这场来势凶猛的灾难，然而他们又是如何战胜灾难，适应如此恶劣的环境生存繁衍下来的呢？而且还能就地取材制造出多种多样的石器工具，尤其是手斧这种需要一定智慧才能制作的、工序复杂、技术高超的工具呢？诸如此类的地球突发事件与人类进程关系问题的研究，百色盆地的玻璃陨石及其盆地无疑都提供了一个很好的研究样本。此外，正如侯亚梅、袁俊杰两位研究学者在《百色：灵巧直立人VS天外来客》一文中所说的："玻璃陨石是研究天体物质撞击地球所产生的各种效应的难得样本，同时也是了解地外星体信息的良好参照。"[1]

三、它拥有典型的网纹红土地质地貌

它拥有典型的网纹红土地质地貌，可为南方红土与国民经济可持续发展关系研究、国内外一些具有相同地质地貌遗址的对比研究提供难得的地质、人文背景和年代支持。

网纹红土是长什么样的？中科院古脊椎动物与古人类研究所黄慰文研究员很形象地给我们作了描述："网纹红土，是一种表面有纹路的鲜红色土层，它是在80多万年前，因长期的湿热气候促使岩石产生化学反应及风化而成，在今天长江以南许多地方仍然可见。"叫"网纹"只是通俗的说法，其实纹路是一层一层的，更准确应叫"蠕"纹，就像虫子爬过的那种蜿蜒痕迹。"它有两大最明显特征，鲜红色、网纹十分清晰，没有其他任何一种土壤能同时具备。"[2]中科院地质研究所袁宝印研究员从1990年开始参与百色盆地的研究工作，主要研究地质方面，他说："百色盆地是中国南方众多的新生代盆地

---

[1] 侯亚梅、袁俊杰：《百色：灵巧直立人VS天外来客》，沙金庚主编《世纪飞跃——辉煌的中国古生物学》，198页，北京：科学出版社，2009。

[2] 解放日报记者郭泉真、安徽日报记者吴永红：《网纹红土为元谋人作证，人类起源中国说渐成一统》，新闻中心 http://news.163.com，2005-01-24 10:24:02。来源: 解放日报集团网站。

⑦ 百色盆地网纹红土地貌

⑧ 百色盆地网纹红土地貌

之一，旧石器埋藏在老第三纪湖相地层之上的网纹红土之中。网纹红土是一种河流堆积物，酸性很强，对有机物的腐蚀分解作用极强。"[1] 南方红土在我国分布广泛，是关系我国国民经济可持续发展的重要课题之一。[2] 百色旧石器遗址群具有典型且分布广泛的网纹红土，可为这一研究提供重要的样本，对该研究有着重要的意义。高柳青、袁宝印两位学者在《南宁、百色盆地红土风化壳的地球化学特征及其环境意义》这篇研究论文摘要中说："我国南方红土是主要成土母质，加之降雨较多，植被繁茂，给各种农作物生产提供了优越条件，具有国民经济意义，一向为土壤学专家和第四纪地质学家所关注。随着研究的进一步深入，有关学者对南方红土的成因、发育过程、类型划分、气候信息、环境保护等多方面开展了新的工作。"[3] 网纹红土也叫砖红壤，"在中国分布于台湾、

[1] 陈柳良、樊金梅：《专家谈百色盆地旧石器》，《右江日报》2005年12月9日第1版。
[2] 中国科学院古脊椎与古人类研究所、美国史密森研究院国家自然历史博物馆主办的2005年12月在百色召开的"百色盆地旧石器暨旧大陆早期人类迁徙与演化国际学术研讨会"，右江民族博物馆负责承办的《百色旧石器专题展》。
[3] 高柳青、袁宝印：《南宁、百色盆地红土风化壳的地球化学特征及其环境意义》，《地理研究》1996年第1期。

云南和广西等地的南部以及海南岛和雷州半岛等部分地区。……砖红壤地区自然条件优越，养分转化快，为水稻、番薯盛产地区之一，并且是中国热带经济作物如橡胶、剑麻、油棕、甘蔗、咖啡、香茅等的重要产地。"[1]由此可见，对南方红土的研究与我国国民经济可持续发展有着密切的关系，具有重要意义，百色旧石器遗址及其盆地能够为相关研究提供地质条件。

此外，由于石器、玻璃陨石都出自网纹红土层，从前文中已述及美国伯克利地质年代学研究中心用从百色旧石器遗址网纹红土层出土的玻璃陨石测得的年代为距今80.3万年，因此，网纹红土层的年龄也是80.3万年的高龄。联合国人类起源计划署首席科学家理查德·波茨指出："百色的旧石器是迄今为止在东亚地区发现数量最多、判断年代数据最精确的人类遗址。"[2]百色旧石器遗址的网纹红土层年代可为国内外具有网纹红土层相同地质地貌的遗址提供可靠的断代依据。国内的以云南石林"百石岭"旧石器遗址为例，其年代就是依据它具有与百色旧石器遗址网纹红土（或砖红壤）相似的地层来进一步确定为距今80万年的。我们来看新华网云南频道2005年1月11日记者秦晴在《云南发现距今80万年的人类旧石器时代遗址》一文中

[1] 辞海编辑委员会：《辞海》下（1999年版普及本），4657页，上海：上海辞书出版社，1999。

[2] 施均显、陈运发：《百色旧石器文化探微》，《历史的启示——右江流域民族历史文化与经济开发研讨会暨广西历史学会第十次会员代表大会论文集》，53页，南宁：广西人民出版社，2005。

⑨ 云南省石林县百石岭旧石器时代遗址的网纹红土地貌（云南省文物考古研究所吉学平研究员提供）

⑩ 中科院古脊椎所黄慰文研究员2005年1月到云南省石林县百石岭旧石器时代遗址考察，发现了云南石林"百石岭"旧石器时代遗址与百色旧石器时代遗址相似的地层（云南省文物考古研究所吉学平研究员提供）

的报道：

位于石林县的"百石岭"，是云南的考古专家在1961年进行考察时发现的一个人类旧石器时代遗址，由于当时缺乏对这个遗址的年代测定的精确手段和技术，考古专家们对此遗址的年代保守估计大约距今3到4万年。由于年代对考证历史有着举足轻重的作用，而三、四万年的时间对已经拥有元谋人这样久远的古人类遗骨的云南来说意义不大，于是这个遗址被作为一个普通的旧石器遗址"搁置"在石林县。但是细心的专家们同时发现，该遗址中的旧石器与欧洲旧石器时代中期占统治地位的"莫斯特"文化极其相似。

时光荏苒，快40年过去了，云南的考古专家此后在对"百石岭"进行重新研究时多次发现数量不少的旧石器。与此同时，当年来到云南预测了遗址年代的北京中国科学院古脊椎动物与古人类研究所的黄

⑪ 云南元谋人化石（胫骨化石）
（云南省文物考古研究所吉学平
研究员提供）

⑫ 云南元谋人石器（云南省文物
考古研究所吉学平研究员提供）

慰文研究员，在对广西壮族自治区百色地区的考古遗址进行研究时，发现了和石林"百石岭"旧石器时代遗址相似的地层，而通过核能所测定的年代却在70到80多万年左右。这个结果让黄教授吃惊不小。他意识到，当年对云南石林遗址的推断并不恰当。

2005年1月7日，黄慰文研究员应云南省考古所古人类研究部研究员吉学平的邀请再次来到当年的"百石岭"。这里还是一片蠕虫状的砖红壤的土地。看着这些和广西百色的考古工地一样的现场，黄教授否定了当年推测，重新确定该遗址的年代约为距今80万年，并为人们描绘了一幅史前图画：现在看到的"百石岭"在几千万年前是一个巨大的湖泊，其中生存着古老的现在已经灭绝了的动物。青藏高原隆起后山体提升，湖泊干涸，造成了这个地方很长时间没有堆积。到了100万年前的时候，这里开始变为盆地并逐渐下沉，开始接纳堆积物，那时开始有一批原始人在这里活动，他们的技术不算简单，他们打造出了欧洲在此几十万年之后才开始流行的石器技术——莫斯特文化。

后来，青藏高原继续隆起，"百石岭"变干了，此地逐渐演化成为红色土壤的地层……这个地层经过演化成为砖红壤时期。这一时期的土壤通过玻璃陨石测定确实为80万年前的遗物。

"这是经过了在广西百色10多年的研究和多次测定得出的结论。"黄教授说，"这一结论表明，云南有距今170万年的元谋人，还有了距

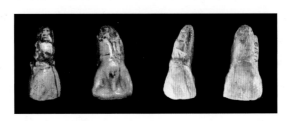

⑬ 云南元谋人化石（牙齿化石）（云南省文物考古研究所吉学平研究员提供）

今80万年的石林旧石器遗址，这两处遗址的发现都为研究人类起源以及和欧洲的文化交流提供了重要证据。它们理应让云南承担起研究人类起源和旧石器时代早期文化的重要地区之一。"[1]

从报道中让我们了解到云南石林"百石岭"旧石器

[1] 秦晴：《云南发现距今80万年的人类旧石器时代遗址》，（2005-01-11），http://news.sina.com.cn/o/2005-01-11/085947941395.shtml.

⑭ 法国农业科学院教授、博士生导师、世界著名土壤学家费得罗夫·尼科拉斯（Fedoroff·Nicolas）等一行三人2008年10月初，在中国科学院地质物理研究所研究员、著名地质学家袁宝印的陪同下，到百色旧石器时代遗址群进行实地考察。（百色市右江区文物管理所黄鑫所长提供）

时代遗址的砖红壤或网纹红土层的年代，通过其遗址的砖红壤或网纹红土层与百色旧石器遗址的砖红壤或网纹红十层对比研究后得到更有力的证明。"百石岭"旧石器时代遗址年代的确定，具有重要的研究意义：一方面，由于遗址中出土了与欧洲莫斯特文化极其相似石器，这表明正如报道中提到黄慰文研究员认为的早期"百石岭"人"打造出了欧洲在此几十万年之后才开始流行的石器技术——莫斯特文化"；另一方面，也表明如报道中提到黄慰文研究员所说的："云南有距今170万年的元谋人，还有了距今80万年的石林旧石器遗址，这两处遗址的发现都为研究人类起源以及和欧洲的文化交流提供了重要证据。"填补了中国古人类链又一空白。

在国外，许多国家具有网纹红土层的旧石器时代遗址都可以用百色旧石器遗址的年代。2009年11月3日中科院古脊椎动物与古人类研究所黄慰文研究员带研究生到田东县高岭坡遗址考察地层时，看着遗址的大片网纹红土对大家说：在印度、法国，在非洲，都可以看到这样的地层（网纹红土层），这些国家的网纹红上地层年代可用百色的网纹红土地层年龄。据《右江日报》记者岑平和、通讯员黄鑫2008年10月12日报道：日前，法国农业科学院教授、博士生导师、世界著名土壤学家费得罗夫·尼科拉斯（Fedoroff·Nicolas）等一行三人不远万里来到百色，在中国科学院地质物理研究所研究员、著名地质学家袁宝印的陪同下，到百色旧石器时代遗址群进行实地考察。费得罗夫教授此行的目的主要是考察百色旧石器时代遗址的地质地貌情况和开展百色旧石器时代遗址土壤微生态研究，他们采集了一些百色旧石器时代遗址的土壤标本，并在采集的土壤样本中寻找玻璃陨石，以便从不同的角度证明百色旧石器时代遗址玻璃陨石的原生性质。[1] 报道中还说："在对百色旧石器时代遗址进行考察后，费得罗夫教授认为，百色旧石器遗址的地层'很早、很古老，保存也较好'……"[2] 百色旧石器遗址及其盆地能够为相关研究提供地质、人文背景和年代支持。

四、它拥有良好的考古背景

它拥有良好的考古背景，是研究人类起源、进化和人类迁徙及扩散的重要遗址。

百色旧石器遗址所处的百色盆地位于滇、黔、桂三省（区）交界处，它背靠云贵高原，面向东南亚，恰处于研

---

[1] 记者岑平和、通讯员黄鑫：《百色考古名传海外法国教授"闻香"而来》，《右江日报》2008年10月12日第3版。

[2] 记者岑平和、通讯员黄鑫：《百色考古名传海外法国教授"闻香"而来》，《右江日报》2008年10月12日第3版。

究人类起源、进化和东西方早期人类迁徙和扩散的关键位置。[1] 这些为人类起源、进化和东西方早期人类迁徙和扩散的研究提供了良好的条件。"对直立人在旧大陆的扩散及东亚与东南亚、南亚早期人类文化交流和变迁的研究也将起到重要作用。"[2] 中科院古脊椎动物与古人类研究所黄慰文、侯亚梅专家在《百色旧石器研究》一文中提到："……盆地内数十个地点数千件已被采集的旧石器不仅是直立人在东亚扩散的证据，也是探索元谋人及其之后早期人类在云南高原上及邻近地区活动的难得的材料。"[3] 从我国的中学教科书里我们知道中国最早的人类是距今170万年的云南元谋人。百色盆地背靠云贵高原，面向东南亚，百色旧石器工具的制造者是不是元谋人从云南迁移到百色？然后又扩散到东亚、东南亚？百色旧石器遗址及其盆地都是这些问题研究难得的地点。在由广西壮族自治区博物馆黄启善研究员主编，谢光茂、林强、黄启善研究员编写的《百色旧石器》一书中说"人类起源'非洲说'也是很多学者主张的另一个假说。由于非洲大陆，特别是东非发现许多属于早期直立人的化石及旧石器时代初期的旧

---

[1] 中国科学院古脊椎与古人类研究所、美国史密森研究院国家自然历史博物馆主办的2005年12月在百色召开的"百色盆地旧石器暨旧大陆早期人类迁徙与演化国际学术研讨会"，右江民族博物馆负责承办的《百色旧石器专题展》。

[2] 黄胜敏、黄芬：《百色旧石器的发现和研究》，《历史的启示——右江流域民族历史文化与经济开发研讨会暨广西历史学会第十次会员代表大会论文集》，66页，南宁：广西人民出版社，2003。

[3] 侯亚梅、黄慰文：《百色旧石器研究》，《"元谋人"发现三十周年纪念暨古人类国际研讨会文集》，127页，昆明：云南科技出版社，1998。

石器。按照这个假说，早期人类走出非洲，向东迁徙，那么，百色盆地正处于在迁徙线路上。卫奇先生认为，最早的人类从非洲迁移至我国可能有两条线路：一是从青藏高原北侧进入我国；另一条是从青藏高原南侧进入我国，并认为西江水系流域很可能是我国最早人类的落脚地（卫奇，1991）。从现有的古人类学和考古资料看，从青藏高原南侧这条线进入我国的可能性更大。因为，在南亚和东南亚地区及云贵高原均发现有第三纪后期和第四纪早期的古猿化石及旧石器早期的石器工业。美国人类学家谢盼慈（schepartz）认为，广西及周围地区是早期人类进入东亚和东南亚的门道（Scheparz et al，2000）。因此，百色旧石器在研究远古人类的迁徙及文化传播上具有很重要的地位。"[1] 从以上专家的论述中，让我们知道了百色旧石器遗址所处的百色盆地位置对于研究人类起源、进化和东西方早期人类迁徙和扩散的重要性，以及它对研究远古人类迁徙和文化传播与交流具有很重要的价值和地位。加上在第三章提到的"么会洞发现距今180万年—200万年的人类牙齿化石"，这对研究人类起源、进化和人类迁徙及扩散等更加显得重要了。

目前，百色旧石器遗址群已有31处被公布为各级重点文物保护单位，详见下表：

---

[1] 广西壮族自治区博物馆编，黄启善主编：《百色旧石器》，112–113页，北京：文物出版社，2003。

百色旧石器遗址群各级重点文物保护单位一览表

序号	名称	级别	地理位置	调查时间	公布时间
1	百谷遗址	国家级	百色市右江区那毕乡大和村百谷屯东北约1.5公里	1982	2001.6
2	高岭坡遗址	国家级	百色市田东县林逢镇檀河村坡算屯南约50米	1982	2001.6
3	那赖遗址	自治区级	百色市田阳县田州镇兴城村那赖屯	2003	2009.5
4	杨屋遗址	市级	百色市右江区那毕乡大旺村杨屋屯东约1000米	1982	2003.8
5	紫幕遗址	市级	百色市右江区那毕乡大旺村紫幕屯南约200米	1982	2003.8
6	大梅遗址	市级	百色市右江区四塘镇桂明村大梅屯西约100米	1982	2003.8
7	小梅遗址	市级	百色市右江区四塘镇桂明村小梅屯西约500米	1982	2003.8
8	南坡山遗址	市级	百色市右江区那毕乡大同村西约800米南坡山	1982	2003.8
9	江凤遗址	市级	百色市右江区龙景街道办事处江凤村江坝屯西北400米	1982	2003.8
10	大法遗址	区（县）级	百色市右江区龙景街道办事处福禄村大法屯	1982	2010.11

序号	名称	级别	地理位置	调查时间	公布时间
11	六怀山遗址	区（县）级	百色市右江区龙景街道办事处大湾村	2005	2010.11
12	木民山遗址	区（县）级	百色市右江区龙景街道大湾村那印屯	1982	2010.11
13	平甫遗址	区（县）级	百色市右江区龙景街道福禄村平甫屯	1982	2010.11
14	沙洲遗址	区（县）级	百色市右江区龙景街道大湾村沙洲屯	1982	2010.11
15	那练遗址	区（县）级	百色市右江区四塘镇桂明村那练屯	1982	2010.11
16	南半山遗址	区（县）级	百色市右江区四塘镇新明村大梅屯	2005	2010.11
17	枫树岛遗址	区（县）级	百色市右江区永乐乡澄碧河水库内	2003	2010.11
18	鸬鹚岛遗址	区（县）级	百色市右江区永乐乡澄碧河水库内	2005	2010.11
19	百寨遗址	区（县）级	百色市右江区汪甸瑶族乡长平村百寨屯	1982	2010.11
20	下铺遗址	县级	百色市田东县林逢镇林驮村下铺屯北面约500米	1982	1989.3

序号	名称	级别	地理位置	调查时间	公布时间
21	么会洞遗址	县级	百色市田东县祥周镇布兵村和塘屯西面500米	1999	2009.2
22	定模洞遗址	县级	百色市田东县祥周镇模范村模范屯东北面约1.2公里	1982	1989.3
23	定练洞穴遗址	县级	百色市田东县祥周镇模范村北面约1.5公里	1982	1989.3
24	感仙洞穴遗址	县级	百色市田东县祥周镇保利村那豆屯南面约300米	2007	2009.2
25	陆那洞遗址	县级	百色市田东县祥周镇模范村模范屯西南约500米	2000	2009.2
26	村空洞遗址	县级	百色市田东县祥周镇保利村瀑布屯西面300米	2007	2009.2
27	定模遗址	县级	百色市田东县祥周镇模范村模范屯北面约1.3公里	1982	1989.3
28	那玩遗址	县级	百色市田东县思林镇坛乐村那玩屯北面300米	1982	1989.3
29	那兔遗址	县级	百色市田林县定安镇渭密村那兔屯中	2009	2010.11
30	那的遗址	县级	百色市田林县定安镇渭密村那收屯东约300米	2009	2010.11

序号	名称	级别	地理位置	调查时间	公布时间
31	那王遗址	县级	百色市田林县定安镇渭密村那兔新屯所在地的那王坡	2009	2010.11

（上表资料由百色市文化和新闻出版局提供）

　　总之，百色旧石器遗址是一个很重要的遗址，有关专家给予了充分的肯定。刘东生院士1999年春天考察了百色遗址之后，他认为百色遗址非常重要，在第四纪环境变迁和人类进化研究方面的潜力巨大，其重要性不亚于周口店。[1]百色旧石器研究项目主持人、中国科学院古脊椎动物与古人类研究所黄慰文研究员说："百色的意义不仅是百色的，可以解决我国秦岭以南、东亚、东南亚和南亚同类遗址的相关问题。"[2]专家们的话，已为百色旧石器遗址的重要性作了最好的诠释。

⑮ 刘东生院士与黄慰文研究员在百色考察

---

[1] 中国科学院古脊椎与古人类研究所、美国史密森研究院国家自然历史博物馆主办的2005年12月在百色召开的"百色盆地旧石器暨旧大陆早期人类迁徙与演化国际学术研讨会"，右江民族博物馆负责承办的《百色旧石器专题展》。

[2] 韩建清、庞革平：《百色考古：改写人类进化史》，《人民日报·华南新闻》2005年12月21日 第20版。

第六章　探秘之旅还很长

百色旧石器的考古研究，自1973年发现第一个旧石器遗址开始，从此踏上了对百色旧石器考古探秘的漫漫之旅。至今，已有近40年。也就是说，对百色旧石器的考古探秘已走过了近40年。在这些岁月里，中外考古工作者经过艰苦探索研究，解决了旧石器的年龄（年代）、旧石器出土地层（原生层位）、手斧出土地层及年代三大难题等，已取得了阶段性重大成果。但对于这么一个重要的早期人类旧石器遗址来说，它隐含的秘密还很多，还有待于考古工作者继续深入研究，探秘揭秘。目前的研究只是万里长征走完了第一步，今后探秘之旅还很长。为什么这么说呢？下面我们来看看专家们是怎么说的。

2005年12月上旬，"百色盆地旧石器研究暨旧大陆早期人类迁徙与演化国际学术研讨会"在百色举行。期间，右江日报社记者采访了来百色参加会议的一些中外专家，并在右江日报上作了报道，现摘录如下：

记者樊金梅、陈柳良　通讯员黄胜敏《众专家谈百色盆地旧石器》（《右江日报》2005年12月8日）：

中科院古脊椎所黄慰文研究员："这些年

来，我们所做的大量工作，只是解决了百色旧石器的年代、地层问题，并对百色旧石器的技术做了一些研究，这只是这一科学探索活动的开始，往后要研究的内容还很多。最终的研究目的是复原当时人类的历史，如在当时恶劣的自然环境下，当时的人类如何适应自然生存下来，他们的生活、行为方式是怎样的等。但在研究过程中我们碰到了很大的困难。一是当时的人类既无国家，又无民族，也不是老待在一个地方生活，而是不断地迁徙。从旧石器时期到现代，留下可以研究的物质材料很少，这中间是一片很大的空白。因此，我们将继续在百色盆地考察研究，期待有新的材料出现。二是百色旧石器研究的着眼点很大。由于当时人类不断迁徙，要研究他们，就不能把他们的活动范围局限于百色盆地，而是要把亚洲、欧洲、非洲连在一起，即把这批古人类放在旧大陆的视野里研究。百色旧石器的研究意义也在于此。"

中科院古脊椎所侯亚梅研究员：下一步的研究工作是先对各个遗址进行详细的研究，再将不同的遗址发现的遗物情况进行相互比较，根据石器间的差别和遗址的分布情况推测当时的人类生活特别是技术发展情况，还应进一步进行洲际对比，了解亚洲古人类与非洲和欧洲大陆古人类之间的文化关系。同时，我们知道，百色的历史有80万年，但当时发生了玻璃陨石事件，这对当时的人来说是一个灾难，那么，他们是不是因此而迁徙到别的地方去，或是一直都待在这里，他们是不是我们的祖先，了解人类的这些早期历史是我们研究的最终目的。

中国科学院广州地球化学研究所朱照宇博士："大约80万年前，一个巨大的陨星撞击地球，很多玻璃陨石分散到地球上，分布的范围很广，几乎占全球面积的十分之一，而这一事件正好发生在80万年前的旧石器时期，因而玻璃陨石和旧石器处于同一地层，石器的年代比较容易确定。但有一个问题是值得关注的，即目前在广东、南宁等地都发现有玻璃陨石，而旧石器发现比较少。而在百色盆地则同时发现有大量的玻璃陨石和旧石器，分布范围也相对广泛，是不是这里的气候条件比较好，或是食物容易获得，故古人类都在这一带生活比较多，那些人类有没有走动到南宁、广东一带，这都将成为今后的研究重点。"

记者陈柳良、樊金梅《专家谈百色盆地旧石器》（《右江日报》2005年12月9日）：

前法国自然历史博物馆馆长、现法国人类古生物研究所所长德隆美："百色手斧的发现在考古学界是一件很重要的事情，它有助于加深我们对80万年前手斧工业的认识，同时，也给我们考古学界提出了一系列的问题，即'阿舍利'文化的来源、扩散变化范围以及'阿舍利'手斧的定义、内涵和意义；手斧工业是平行发展还是在不同地方独立出现也成为有待研究的问题。"

中科院地质所袁宝印研究员："百色的地质很值得研究，以后我将着手研究百色盆地第四阶地与田东县布兵盆地么会洞内地层的关系，通过地层对比来测定该洞穴内人类化石的时代。"

记者陈柳良、樊金梅、岑平和《专家谈百色盆地旧石器》（《右江日报》 2005年12月10日）：

美国史密森研究院国家自然历史博物馆、联合国人类进化署首席科学家鲍立克："现在，在田东县步兵盆地么会洞内发现了人类化石，科学家们推测可能早于80万年。所以，百色盆地旧石器时代人类的去向成了科学家关注的一个焦点。另外，旧石器是做什么用的，古人类是如何使用它们，是用来挖树根呢，还是用来打猎？目前这在科学界也还是一个谜。要揭开这个谜，也许还要花上许多年时间。"

此外，广西文物考古研究所谢光茂研究员在《广西旧石器时代考古回顾与瞻望》一文中说："广西旧石器时代早期虽然做了大量的研究工作，但由于石制品均出在红土地层，缺乏动物化石，无法进行古生物上的断代；目前，百色盆地旧石器主要依据玻璃陨石的测年进行断代，但部分地点并没有发现玻璃陨石。因此，百色盆地旧石器的年代问题还需要进一步做工作。另外，有些地点在海拔高度上处于较低的位置，考虑到盆地周围已发

① 2009年11月3日，中国科学院古脊椎动物与古人类研究所黄慰文研究员、侯亚梅研究员带研究生到田东县高岭坡遗址考察

现有晚于80万年前的旧石器，百色盆地旧石器也可能有早晚之分。这些都是今后要解决的问题。"[1]

此外，2009年11月3日，黄慰文研究员从北京带领研究生到田东县高岭坡遗址考察时说："百色旧石器有一个回答不了的问题——环境学的问题，当时人是在什么环境下生长的？是冷还是热？"、"百色的研究一大堆问题"、"百色的研究是没有完的"。

从以上专家所说的，相信我们对为什么今后百色旧石器及其遗址有待继续科学探索研究的内容还很多、探秘之旅还很长的问题已经得到了答案。总之，虽然如今对百色旧石器的研究已取得了阶段性的重大成果，但正如上文提到黄慰文研究员所说的："这只是这一科学探索活动的开始，往后要研究的内容还很多。"

目前，百色旧石器的研究已发展成为集考古学、第四纪地质学、古环境学和天体物理学等多学科的综合性国际合作项目。[2]"百色旧石器遗址群业已成为东亚乃至世界范围内研究的热点，在取得一定成果的同时还有很多未知的问题需要求解。"[3]最近，百色盆地又迎

[1] 谢光茂：《广西旧石器时代考古回顾与瞻望》，广西壮族自治区文物工作队编《广西考古文集——纪念广西考古七十周年专集》第2辑，19页，北京：科学出版社，2006。

[2] 中国科学院古脊椎与古人类研究所、美国史密森研究院国家自然历史博物馆主办的2005年12月在百色召开的"百色盆地旧石器暨旧大陆早期人类迁徙与演化国际学术研讨会"，右江民族博物馆负责承办的《百色旧石器专题展》。

[3] 侯亚梅、袁俊杰：《百色：灵巧直立人VS天外来客》，沙金庚主编《世纪飞跃——辉煌的中国古生物学》，203页，北京：科学出版社，2009。

来了一批前来对百色旧石器考古探秘的中外专家。据2012年11月12日右江日报头版报道"11月8日，法国人类古生物研究所所长、国际著名考古学家德伦莱教授（Henry de Lumley），北京联合大学应用文理学院历史文博系副主任冯小波教授，广西考古研究所研究员谢光茂等到田东县高岭坡遗址考察。德伦莱教授对高岭坡旧石器的年代论证给予充分肯定。"[1] 2012年11月13日–2012年11月17日，法国旧石器考古专家Notter夫妇一行3人在广西文物考古研究所青年学者陈晓颖的陪同下来到百色市右江民

② 2012年11月8日，法国人类古生物研究所所长、国际著名考古学家德伦莱教授（Henry de Lumley），北京联合大学应用文理学院历史文博系副主任冯小波教授，广西考古研究所谢光茂研究员等在田东县高岭坡遗址考察（广西考古研究所谢光茂研究员提供）。

③ 2012年11月13日，法国旧石器考古专家Notter夫妇一行3人在广西文物考古研究所陈晓颖青年学者、百色市右江民族博物馆黄明扬副馆长、百色市右江区文物管理所黄鑫所长的陪同下，在百色市右江民族博物馆参观《百色旧石器专题展》。

---

[1] 韦文孟：《中外考古专家到田东考察高岭坡遗址》，《右江日报》2012年11月12日第1版。

族博物馆进行参观考察，据全程陪同Notter夫妇一行3人参观考察的陈晓颖学者说：Notter夫妇一行3人对馆内收藏的2003年南百高速公路调查所采集的旧石器进行了详细的观察。为期4天的行程中，Notter夫妇对百色盆地采集的旧石器进行了较为细致的研究，包括分类统计、绘图测量等。同时，他们也利用馆内采集的石料进行了打制实验，制作了手斧、手镐等旧石器时代早期较为常见的大型工具。Notter夫妇认为，百色盆地的手斧在形制上多为舌形刃且其中一部分加工非常精美，并希望能够对百色盆地的手斧进行更为深入的研究，Notter夫妇的此次来访将是百色盆地旧石器研究的一个突破。

总之，百色旧石器的考古探秘之旅还很长，作为百色旧石器遗址所在地的地方博物馆——广西百色右江民族博物馆，我们希望有更多的国内外专家学者前来百色考察研究，也希望热爱和关注百色旧石器考古研究事业的朋友们的积极参与和支持，在漫漫的探秘之旅上携手共进，去解开隐藏在百色旧石器身上一个又一个的谜，为闪耀着亚洲早期人类智慧之光的百色旧石器的探索研究作出新贡献！

后 记

　　《亚洲人类智慧之光——百色旧石器考古探秘之旅》一书经过本馆几年的努力和馆外许多同仁的大力支持，如今终于正式出版得以和广大读者见面了！这对广西壮族自治区百色右江民族博物馆来说是一件盼望已久的喜事。在这欣喜的时刻，我们来回眸一下该书从酝酿到成书大致的历程。

　　本书于2009年夏由时任本馆馆长的黄胜敏副研究馆员（2010年调离本馆）提出编写，他给拟编写的这本书定下了基调，即：将百色旧石器从发现至今30多年来的考古研究历程中专业性强而难懂的考古活动尽量用通俗易懂、形象生动的语言来写就，定性为科普读物。馆研究组负责人罗海碧根据这一基调，经查阅 定量有关百色旧石器研究的资料以及结合其本人长期在右江民族博物馆工作所见所闻了解到的相关情况，理出了百色旧石器发现30多年来考古研究历程的基本脉络，于2009年12月写出了书的目录（在书稿撰写的过程中个别章节作了修改）。2010年由于人员调动的一些不确定因素，编撰暂时搁置。2010年末，研究组负责同志向新任馆长林海同志汇报该项工作在上一任领导在任时已开展到什么程度的情况，并就今后对该项工作的一些想法向他请示，他很明确地表示支持继续开展该项工作。2011年初，百色起义纪念公园管理委员会将其作为一项研究工作列入管委会2011年工作计划中。与此同时，该项工作得到了馆新领导班子的重视和大力支持，主管业务的黄明扬副馆长开始组织专业人员撰写。具体分工是：第一、第五、第六章由罗海碧撰写，第二章由麻晓荣撰写，第三章由黄明扬撰写，第四章由黄峰撰写，统稿由罗海碧负责，插图由刘康体负责搜集整理。

　　本书在编写、修改直至出版的过程中得到了有关专家学者及同仁的鼎力相助：长期从事百色盆地工作的中科院古脊椎动物与古人类研究所侯亚梅研究员、广西文物考古研究所谢光茂研究员两位专家在百忙中抽出时间逐字逐句、认真细致地审阅该书初稿，为书的初稿提出了许多宝贵意见，并给予详细批改。侯亚梅研究员还提供了相关的文献让我们参考，并提供所需插图杨屋遗址发掘图片。谢光茂研究员对书稿中个别难以解答的问题给予帮助解答；中科院古脊椎动物与古人类研究所刘扬博士在学习、工作之余也帮助阅稿并提出了宝贵意见；在准备文字材料的过程中，得到广西师范大学袁俊杰老师积极的帮助，提供相关参考文献；云南省文物考古研究所的吉学平研究员积极地提供相关插图照片，在联系吉学平研究员要照片的过程中本馆的郭耀铮给予积极帮助；百色市文化和新闻出版局为我们提供了"百色旧石器遗址群各级重点文物保护单位一览表"的资料；百色市右江区文物管理所黄鑫所长、田阳县博物馆黄中政馆长也给予了提供相关照片的支持；长期主抓百色旧石器研究项目的资深专家、中科院古脊椎动物与古人类研究所黄慰文研究员，当我们邀请他为该书作"序"时，他给予热情的支持，抽空为该书作"序"；在书稿即将定稿阶段，百色起义纪念公园管理委员会、百色市文化和新闻出版局领导挤出时间认真阅读书稿，黄小卡局长还提出了宝贵意见。以上为本书的编写出版给予关心和帮助的朋友在此我们一并表示由衷的感谢！

由于我们的水平和资料有限，在编写的过程中难免有纰漏和不尽如人意的地方，还敬请专家、学者等广大读者给予批评指正。

编者